国家出版基金项目
NATIONAL PUBLICATION FOUNDATION

〔日〕上田信 著

寇淑婷 译

东欧亚海域史列传

厦门大学出版社
XIAMEN UNIVERSITY PRESS

国家一级出版社
全国百佳图书出版单位

图书在版编目(CIP)数据

东欧亚海域史列传/(日)上田信著;寇淑婷译.—厦门:厦门大学出版社,2018.5
(海上丝绸之路研究丛书)
ISBN 978-7-5615-6859-0

Ⅰ.①东…　Ⅱ.①上…②寇…　Ⅲ.①历史人物-列传-欧洲、亚洲　Ⅳ.①K831.8

中国版本图书馆 CIP 数据核字(2017)第 329739 号

出 版 人	郑文礼
责任编辑	薛鹏志
封面设计	夏　林
技术编辑	朱　楷

出版发行 厦门大学出版社

社　　址	厦门市软件园二期望海路 39 号
邮政编码	361008
总 编 办	0592-2182177　0592-2181406(传真)
营销中心	0592-2184458　0592-2181365
网　　址	http://www.xmupress.com
邮　　箱	xmup@xmupress.com
印　　刷	厦门集大印刷厂

开本	720 mm×1000 mm　1/16
印张	12.75
插页	2
字数	220 千字
印数	1~3 000 册
版次	2018 年 5 月第 1 版
印次	2018 年 5 月第 1 次印刷
定价	40.00 元

本书如有印装质量问题请直接寄承印厂调换

厦门大学出版社
微信二维码

厦门大学出版社
微博二维码

海上丝绸之路研究丛书

总　　序

　　海上丝绸之路是自汉代起直至鸦片战争前中国与世界进行政治、经济、文化联络的海上通道,主要包括由中国通往朝鲜半岛及日本列岛的东海航线和由中国通往东南亚及印度洋地区的南海航线。海上丝绸之路涉及港口、造船、航海技术、航线、货品贸易、外贸管理体制、人员往来、民俗信仰等诸多内容,成为以往中外关系史、航运史、华侨史乃至社会史研究的热点领域。

　　当然所谓"热点",也随时代的变化而呈现出冷热变化。鸦片战争前后,林则徐、姚莹、魏源、徐继畬、梁廷枏、夏燮等已开始思索有关中国与世界的海上关系问题,力图从历史的梳理中寻找走向未来的路。此时,中国开辟的和平、平等的海上丝绸之路何以被西方殖民、霸权的大航海之路所取代?中国是否应该建立起代表官方意志的海军力量,用于捍卫自己的国家利益,保证中国海商贸易的利益?

　　随着20世纪中外海上交通史学科的建立,张星烺、冯承钧、向达等对海上丝绸之路进行了诸多开拓性的研究。泉州后渚港宋代沉船的出土再度掀起了海上丝绸之路的又一股研究热潮,庄为玑、韩振华、吴文良等学者在这方面表现显著。20世纪80年代之后,海上丝绸之路研究又获得了国家改革开放的政策支持,呈现出"百花齐放,百家争鸣"的活跃局面。学者们对中国古代海外贸易制度演变、私人海上贸易、中国与东南亚海上交通路线、贸易商品和贸易范围等问题进行了更加深入的探讨。

　　进入21世纪,海上丝绸之路建设与研究逐渐明显地被纳入到"海洋强国"战略之中,先是有包括广州、漳州、泉州、福州、宁波、扬州、南京、登州、北海在内的诸多沿海港口的联合申请世界文化遗产项目的启动,继而有海洋考古内容丰富的挖掘成果，接着是建设海洋大国、海洋强国的政策引导，建设21世纪海上丝绸之路成为该领域研究更强劲的动员令。

从海上丝绸之路百年研究史中，我们能清晰地体会到其间反复经历着认同中华文明与认同西方文明的历史转换，亦反复经历着接受中国与孤立中国的话语变迁。

从经济贸易角度看，海上丝绸之路打通了中国与沿线国家之间的物资交流通道，中国的丝绸、陶瓷、茶叶和铜铁器纷纷输出到海外各国，海外各国的珍奇异兽等亦纷纷输入中国。在海上丝绸之路上活跃的人群频有变幻，阿拉伯人、波斯商人是截至南宋为止海上丝绸之路上的主角，时至明代，中国的大商帮如徽商、晋商、闽商、粤商乃至宁波商人、山东商人等等都纷纷走进利厚的海贸领域，他们不仅主导着中外货品的贸易，而且还多次与早先进入东亚海域的西班牙、葡萄牙、荷兰直至日本的海上拓殖势力展开了针锋相对的斗争，或收复台湾，或主导着澳门的早期开发。时至清代，中西海上力量在亚洲海域互有竞争与合作，冲突有时也会特别地激烈。中国的海上贸易力量在西方先进的轮船面前日益失去优势，走向了被动挨打的境地，但民间小股的海商、海盗乃至渔民仍然延续着哪怕是处于地下状态的海洋贸易，推动着世界范围内的物资交流与汇通。从文化交流角度看，货物的流动本身已是文化交流的重要载体，东亚邻国日本对"唐物"充满敬佩与崇拜，走出中世纪的欧洲亦痴迷中国历代的书画及各种工艺，因此，伴随着丝绸、陶瓷等的向外输出，优秀的中华文化亦反复掀起一波又一波的中国热。

在既往的海上丝绸之路研究中，或着眼于国际间的经贸往来，或着眼于港口地名的考辨、航海技术的使用与进步，或着眼于各朝海疆疆域、海洋主权的维护等内容，这些或被纳入中外关系史学科，或被定义为边疆史地研究，缺乏整体系统的全面把握。

重建21世纪海上丝绸之路战略的提出是在建设海洋强国的国策下的具体而微，这标志着中国将重启与海上丝绸之路沿线各国之间业已悠久存在的平等的国与国之间的政治关系、和谐的文化交流与融合互摄关系以及国与国之间友好的民间交往等等，历史的梳理便于唤起人们对共同文化理念的笃信，便于彼此重温既往共同精神纽带之缔结的机理，历史传统可以历经岁月的淘洗而显得清晰，亦势必将主宰人们的心理倾向和处世态度。

因此抓住重建21世纪海上丝绸之路的时代契机，认真开展历史上海上丝绸之路的人文思索和挖掘,其学术意义与社会意义都是不可小视的。借着国家"一带一路"策略的东风,海上丝绸之路研究进入了新的再出发阶段。与中国综合国力的迅速提升相比,中国当下的文化建设似未得到足够的重视。我们理应回归到更加理性的层面,思索在海上丝绸之路早期阶段中国话语权的树立,思索海上丝绸之路顿挫时期中国海洋话语权的失落,思索当今建设海上丝绸之路时我们在文化上、历史中可以寻找到的本土资源,形成具有中国风格、中国气派、中国特色的话语体系,弘扬儒家"仁"、"和"、"协同万方"思想,为新时期人类和谐、和平、合作开发利用和开发海洋做出我们自己的理论贡献。

如今,包括广州、漳州、泉州、福州、宁波、扬州、南京、登州、北海在内的九个港口城市联合申请世界文化遗产,这些城市的港口史研究均能被称为申遗的重要佐证。

如今,海洋考古取得了长足的发展,诸多的沉船考古新发现为我们拓展海上丝绸之路的研究提供了丰赡翔实的资料来源。

如今,若干新理论、新方法和新史料的调查、汇集与整理为我们开展专题性的研究提供了更好的平台。

我们有充分的理由相信,海上丝绸之路系列丛书的面世将能够向世人充分展示海上丝绸之路更加丰富的历史面貌,揭示以中国为主导的海上丝绸之路时代贸易的实态、参与人群及其生活方式、海洋贸易及其制度管理状况等,从而使中国海上丝绸之路文化有更进一步的呈现,为新时期海上丝绸之路建设提供一份资鉴。

王日根

2016 年 12 月

序　言

首先我想感谢中国读者长期以来对我的关注。2014年,拙著《海与帝国:明清时代》作为"中国历史丛书"之一,由广西师范大学出版社出版。该书体现了东海岛国在该领域的研究状况,在中国赢得了许多读者,实乃幸事! 而且,2017年,《海与帝国》又由台湾商务印书馆出版了繁体字版,获得了更多的读者。

本书《东欧亚海域史列传》的出版,也与《海与帝国》有着深厚渊源。厦门大学的王日根教授曾读过拙著《海与帝国》,在日本做访问学者期间,王教授又涉猎了相当于《海与帝国》列传篇的《中国海域蜃气楼王国的兴衰》。这成为本书在中国出版的契机,王日根教授因此决定将拙著《东欧亚海域史列传》翻译成中文,并将其作为厦门大学出版社策划的"海上丝绸之路研究丛书"之一在中国出版。

回顾过去,我与厦门大学有着不解之缘。我之所以走上中国史研究的道路,那是因为大学时代,我受到了厦门大学中国社会经济史权威专家傅衣凌先生所著的学术论文的启发。当时日本的中国史学界的主流思想认为,地主是封建的,是抑制资本主义萌芽的存在。而傅衣凌先生在论文中指出地主设置市镇,还介绍了地主活跃市场经济的案例。我受到启发后,开始研究江南的市镇,并撰写了毕业论文《明末清初江南都市独特的社会关系》。这篇论文发表在了日本核心学术期刊《史学杂志》上,成为我作为研究者的人生起点。

1980年代初期,在我攻读硕士学位期间,傅衣凌先生曾访问日本,我有了直接跟傅衣凌先生接触的机会,并且想按照他的研究方法,即将田野调查与民间史料相结合的方法进行研究。我于是循着傅衣凌先生的研究业绩,特别是从傅衣凌先生关于乡族和山区经济的研究中得到莫大启示。1980

年代,我研究了地域社会与宗族的关系,1990 年代又进行了生态环境研究,这些研究都是傅衣凌先生研究方法的体现。关于宗族研究的若干学术论文,已经由钱杭和钟翀翻译成了中文。关于生态环境史研究的著作,由朱海滨翻译、王振忠审订出版了《森林和绿色的中国史》(山东画报出版社,2013年)。而且,在学习傅衣凌先生研究方法的同时,我进行了地域、宗族和环境三本著作的研究,并调查了在日本侵华战争时期遭受关东军 731 部队开发的细菌兵器危害的浙江省义乌市,还站在中国受害者的立场上在日本东京地方裁判所陈述了意见(参阅《日本教授上田信:发掘对战争不同认识的根源》,载《南方周末》2006 年 4 月 6 日)。

我的海域史研究,并非起始于海边,实际发端于 2004 年 3 月,我在云南省昆明市研究的一年间。撰写拙著《海与帝国》的背景是在昆明的机场邂逅了一群台湾妈祖庙的信众,在日本撰写本书之初,从昆明带回来的有限的书籍中,给予我明确方针指示的书籍是曾任教于厦门大学历史系后转入厦门大学台湾研究院的林仁川教授的《明末清初私人海上贸易》。在这部著作中,林仁川先生指出一般被认为阻碍经济发展的倭寇等民间秘密贸易集团,实际上具有促进社会发展的意义。《海与帝国》依据史料进行实证性研究,超越一般的常识性判断,开拓了新视野,从这点看来可以说继承了林仁川先生以及厦门大学的学术研究传统。

一般认为中国是内陆国家,而且,大多数中国人具有大陆人的自我意识。2000 年左右,我在陕西省北部的黄土高原调查之时,当地居民曾问我:"日本在哪里?"我回答说:"在中国东部,渡过海就是日本。"于是居民们又问:"可以骑马渡海吗?""大海比黄河辽阔吗?"听到这样的疑问,我无言以对。从海岸线的长度来看,日本是 29751 千米,而中国是 14500 千米(美国《中央情报局世界概况》,2005 年)。日本国民人均海岸线长度约为 23 厘米,而中国人均只有约 1 厘米。也就是说,日本的人均海岸线长度相当于一个人站在那里的宽度,而中国人均只有拇指般的宽度。在接待从中国黄土高原到日本演出的腰鼓演奏团时,我曾带着他们到千叶县的九十九里滨眺望太平洋,当看到波涛澎湃的太平洋时,他们一行人激动的表情,我至今难以忘怀。

但是,现在中国实施的"一带一路"的伟大构想,正在逐步扩大海洋活动范围。我们必须认识到,绝对不能通用内陆的感觉去认识眼前看不到境界线的海域。本书《东欧亚海域史列传》所选取的历史人物，不完全出身于中国，也不完全都是被评价为邪恶之人。总之，在海域存在着与陆地不同的秩序。正是因为借鉴了海域世界历史人物的生活方式，中国才从海洋获得了更多的恩惠。近年来，许多中国人开始出国到海外，当大海呈现在他们眼前之时，若是中国读者的眼前能够浮现出本书的内容，那么这将是我无比荣幸之事。

上田信

2017 年 12 月

目 录

第三部　海洋王国

第四部　互市体系

绪 论

第一节 海域史列传的写作缘起

《海与帝国》作为"中国历史丛书"之一在讲谈社付梓之际,笔者脑海中顿时闪过一个想法,那就是写一部活跃于中国海域的人物评传。《海与帝国》以"交易"为视点,以通史的形式,论述了 14 世纪中叶至 19 世纪中叶长达 500 年的中国历史。在该书撰写过程中,因为受到历史书写的限制,笔者无法将活跃在该书的历史人物的生活史酣畅淋漓地表达出来,因而产生了一种难以抑制的压抑情绪。

通史的写作一般不能偏离主题,应该按照时间的顺序,推进事态的发展。作为登场人物,应该按照论述的需要对内容进行取舍。因此,无论面对多么感兴趣的历史人物,都不能按照著者的想法,将他的生活史,即从他出生到去世的一生业绩,按照时间和空间的纵横交错的顺序进行全面论述。

这令笔者想到了撰写《史记》的司马迁。他继承父亲司马谈的遗志,按照天命继承这一主题,撰写了自五帝时期到司马迁生活的汉武帝时期三千余年的通史。也许他与笔者一样,在著述通史的过程中,一定产生了想独立描写其中具有个性的历史人物的欲望。因此,为保持历史叙事的一贯性与人物评传的多样性,他采取了由"本纪"和"列传"两大体系构成的"纪传体"的写作方法。

《海与帝国》可谓本纪篇,在这本著作出版后,笔者决定写一部与此相关的列传篇。于是,笔者循着书中出现的历史人物曾经走过的足迹,探访了从濑户内海到九州、厦门、澳门等地的遗迹。在旅途中,笔者邂逅了本书所写的"五岛列岛·福江岛倭寇像"。

五岛列岛·福江岛倭寇像

"五岛列岛·福江岛倭寇像"的形象大致如下:这座雕像由两个男人组成,对面左边那个男人,身穿日本传统的兜裆布,右手握着日本刀,左手指向远方。另外一人弓着腰,一手拿着打了圈的绳子,另一只手握着长枪,瞪大眼睛凝视着左边那人手指的方向。这座雕像,坐落在福江岛南端,即长崎县五岛市富江街岳山崎的一个叫做勘次城史迹的旁边,矗立在东中国海的岸边。

笔者曾在网上浏览过这座倭寇像的照片,非常希望亲眼目睹一下实物。笔者偶尔会接受放送大学的邀请,作为讲师讲授"东亚的历史与社会"这门课程。该课程采取以海域史为视点认识中国的方式进行授课。2009 年 11月,摄影组计划到长崎县保留历史遗迹的诸港进行采访拍摄。于是,笔者利用此机会,与摄影组一起驱车来到此地,终于有幸目睹了这座倭寇像。

在网络上看倭寇像的照片时,本以为是等身高的雕像。但实际上坐落在岩礁上的雕像,大约有 3 米高。在碧海蓝天的映衬下,与那种从漫画放大出来的夸张手法产生了强烈反差。笔者以及摄影组的同伴们,对此都觉得有种说不出的滑稽感。

笔者一行电话采访了五岛市富江支所，据那里的职员说，这座雕像建造于 1992 年，是当时富江市（现与五岛市合并）设计海岸线汽车行车道时，按照富江市观光课的提案所兴建。

在倭寇像附近，有一个叫做"勘次城"的山崎石垒。这座石垒由黑火山岩堆积而成，旁边竖立着 1970 年长崎县教育委员会镌刻的解说板："从 13 世纪到 16 世纪，以北九州和濑户内海为据点，侵略朝鲜半岛和中国的海盗在当地被称为倭寇，人人惧怕。这个山崎石垒的构造，据说与当时明朝沿岸筑造的海盗城类型相同，附近有与倭寇相关的八幡滩和唐人滩，以及出土的明钱、陶器碎片和人骨。据说富江的豪族田尾氏，属于松浦党，曾以此地为附城，扩大海盗以及私密贸易的势力。"

石垒对面的海岸，海路复杂，该地形适合隐藏小船。周围海面下多岩礁和浅滩，若不熟悉这里的水路则无法接近。的确，作为倭寇据点和私密贸易基地，这里确实是绝佳场所。但是，文献史料未见记载，所以不能确定这里就是倭寇的活动据点。

富江市倭寇像的导游板写着："这里的东中国海与明朝距离近，因此，经常有异国船只往来。以山崎石垒（勘次城）为地下据点的男人们，具有经年日晒的赤铜色强健的体魄，集团生活形成的强大力量，培养了他们为达到目的而不惜一切的毅然决然的精神。而且，他们不分昼夜地布哨，体现了忍耐和自控能力。这座雕像表现了'团结·践行·忍耐'的精神，他们似乎在向今天的我们诉说着什么。"

看到这些，不知曾经历过倭寇袭击的朝鲜人和中国人对此作何感想，笔者也不想探求答案。但是这种生活在海洋国家人们的印象，终究给人一种先入为主的感觉。

跨越国界研究是历史研究的一个新方法，被称作"海域亚洲史"。以"宁波项目"①这一大型研究项目为代表，各国学者开展了各种大小不同的合作研究。进入 21 世纪后，该研究被逐渐推进。近年来，新的研究成果不断涌现。不仅有同样登载了五岛倭寇像照片的《海域亚洲史研究入门》②，还有

---

① 宁波项目的成果《东亚海域丛书》（『東アジア海域叢書』），由汲古书院出版发行。

② 桃木至朗编：《海域亚洲史研究入门》（『海域アジア史研究入門』），东京：岩波书店，2008 年。

《从大海看历史》《驶向亚洲海域1》①等著作,体现了研究的成效。在中国,近年来也出版了很多海域史方面的著作以及丛书,包括本书在内的丛书,也是海域史研究领域的一部分。

海域亚洲史的研究,继承了陆地国家之间传统交流史的研究成果。它是一种从1980年代开始,在对于非农民问题关心的基础上,提出把生活在海洋国家的人们作为边境人来把握的一种新研究范式。而且,从2010年代开始,不再把海洋作为领域国家的边境,而是主张以海洋为视点,重新审视陆地国家的历史。

但是,只能说"但是"。

以海洋为话题的研究虽然很多,但是从海洋视点出发,生活在那里的人们经历过怎样的历史,这些研究大多只停留在片面的交易、交流、交涉的领域,还没有一部称得上海域亚洲史的通史著作。生活在海洋的人们拥有怎样的政治构想?若不能明确这一点的话,扎根于海洋的人们就无法摆脱像对于五岛倭寇像那种先入为主的"海盗"形象的狭隘思维。

今天,历史学研究对海洋非常关注。不仅仅是这几年,十多年前,学者们就将目光投向了海洋。学者们指出,海洋不再是妨碍人类活动的区域,而是与人类活动紧密相关的非常重要的场所。因此,涌现出很多关于海洋历史、环东中国海、环日本海的研究成果,即围绕东中国海域国家或者围绕日本海域国家的研究成果。

本书试图以海洋为视点,利用仅存的史料进行海域史研究。这种尝试是否成功就由读者来评判吧。

第二节 从事实到事件

笔者的历史研究方法称作"历史系统论",与以往研究方法不同。对于这种研究方法,以1792年到1794年从英国被派往中国清朝的马戛尔尼留下的日记为例进行一下探讨。

---

① 羽田正编:《从大海看历史》(『海から見た歴史』),《驶向亚洲海域1》(『アジア海域に漕ぎ出す1』),东京:东京大学出版会,2013年。

下面将日本高中普遍使用的世界史教科书《详说世界史B》①的其中一节引用如下：

> 清朝的动摇与欧洲的进入：清朝中期，领土面积辽阔，中国人口也在十八世纪的一百年间从一亿几千万增加到约三亿，几乎是成倍增长。但是，因为土地资源不足，致使农民贫困化以及因开垦荒地而导致环境遭到破坏，因此社会动荡不安。十八世纪末，在以四川为中心的新开垦地区，爆发了白莲教叛乱事件。该叛乱持续近十年之久，导致清政府财政贫乏。……同年(1792年，引者注)，英国派遣马戛尔尼到中国，要求清政府开放广州以外的其他港口作为自由贸易港。但是，乾隆帝为了保持朝贡贸易给予外国的贸易恩惠的中华立场，所以并未接受马戛尔尼的请求。……英国政府为了实现与中国的自由贸易，决定派遣海军威胁中国，于是便发生了1840年的鸦片战争。

从学习的角度看，马戛尔尼的中国访问，被定位在以"清朝的动摇与欧洲的进入"为小标题的一系列事件的局部。在大学入学考试的论述问题中，若出现关于马戛尔尼的设问，这时与马戛尔尼访问相关的"白莲教叛乱"、"鸦片战争"，以及马戛尔尼谒见的"乾隆帝"的名字，都要求掌握。

学生通过学习对马戛尔尼产生了兴趣，若想进行研究的话，首先要对马戛尔尼使节访问中国相关史料的有无进行搜集确认。作为传统的研究方法，要对18世纪中国与英国相关的研究书籍、研究文献进行阅读，从而把握可以成为研究素材的史料。现在，可以通过网络来进行查阅。因此，速度更快。例如，在网络上输入"马戛尔尼"、"中国"这样的关键词，就会出现坂野正高翻译的《中国访问使节日记》②。在图书馆借阅的话，很容易就能拿到该书。若进行学术研究的话，不仅要有翻译版本的日记，还要有该日记的原文版本。因为在翻译版本中，会产生对所依据原文文本的评论，以此为切入点对原文题目 A Journal of the Embassy to China in 1792, 1993, 1894 进行审视，从而体会原著的精要所在。

历史研究就是要从史料开始。研读史料的时候，不能拘泥于以往所学知识的认识框架，应该不断产生新想法。例如会联想到，撰写日记的马戛尔

---

① 《详说世界史B》(『詳説世界史B』)，东京：山川出版社，2003年。

② 马戛尔尼著，坂野正高译：《中国访问使节日记》(『中国訪問使節日記』)，东京：平凡社，1975年。

尼自身,并未考虑自己的中国访问会出现在"清朝的动摇与欧洲的进入"这样的脉络中吧。自己做梦也不会想到自己的事迹会关乎鸦片战争的爆发吧。而且,在鸦片战争爆发的 34 年前的 1806 年马戛尔尼已经去世了。通过对史料的研读,虚心求证,可以使这些历史事实得以复原。

在对史料阅读过程中,有时会在无意识中有一些发现。因人而异,即使对相同的史料进行阅读,不同的人也会有不同的发现,而且,也存在毫无发现的情况。或者在对相同史料反复阅读时,第一遍跳过的内容,在读第二遍、第三遍的时候突然有了新发现。能否有新发现,取决于研究者所具备的知识经验的积累。说得抽象一点的话,取决于对问题关心的广度与深度。若用比喻的表达方式来讲的话,可以说取决于研究者是否具备头脑的跳跃力。

历史学研究的最大特点是,在深入研究个别的具体的事实的基础上,要求具有大时代的视野。既要具有能够将具体事实进行抽象化表述的"归纳能力",也要具备对抽象理论进行具体论述的"演绎能力"。在调查地面细微事实的过程中,一下子能跳跃到堪比天高的高度,将其放置在人类的历史,或者地球 46 亿年的历史空间进行审视,同时,又能够从遥远的历史空间回溯到地面上的事实。而且,在进行尝试的时候,能够产生理论假说,再将其落实到地面上具体研究的事实上,以新视点重新审视该事实,这一系列操作过程是历史研究者应该具备的能力。

头脑的跳跃力,一方面要从阅读亚当·斯密、卡尔·马克思、马克斯·韦伯的著作开始,在阅读卡尔·波兰尼、米歇尔·福柯、列维·斯特劳斯等的理论著作的同时,在日常生活及旅行中,要养成自问自答的习惯,在广泛阅读研究文献的同时,也要在面对多种史料的过程中培养这种能力,这没有速成法。在阅读古典著作时,注意著者的问题意识,以及针对这种问题意识进行回答的方法和途径。

锻炼跳跃力的训练方法,例如将具体事情译成英语,然后再尝试将译文还原成汉语或日语。在研究中国史的情况下,史料里出现的用语,因为是相同的汉字,不是简单地将其综合成学术用语,而是要去掉欧文用语本身所带有的语感,提高抽象度。

在马戛尔尼日记 1793 年 11 月 8 日条中,记载了马戛尔尼自杭州到浙江省沿河而上的途中,遇见了从福州去北京的琉球使节团的事情。其中一节记载如下:

他们说着流利的汉语,也说本国语。但是,他们说的是类似于日语的本国话还是类似于朝鲜语的本国话,我区分不开。据他们说,欧洲船还未曾到过琉球诸港,很欢迎欧洲船的到来。政府没有禁止琉球与外界交流。……感觉他们很友善,皮肤颜色不白也不黑正好。他们态度和善,说起话来很幽默,并不少言寡语。从地理位置来看,琉球诸岛或者属于中国或者属于日本,但是他们选择了受清朝的保护。……若情况允许的话,访问琉球诸岛也不是不可能的。①

将事实从史料中复原的顺序,按照如下步骤进行。首先,遵循记者的原则,即依照"五个 W 一个 H"(when、where、who、what、why、how)进行确认。这六个项目可以分成三组进行。将最初的三项"何时、何地、谁"用具体事实表示出来。若明确了"何时、何地"的话,就确定了事情发生的历史时空。就像演剧一样,设定好了舞台,然后确定"谁"是登场人物。从马戛尔尼的记录中将这些答案找出来:

何时=西历 1793 年 11 月 18 日,按照中国纪年为乾隆五十八年(癸丑)十月十五日。若是有月亮的话,当天应该为满月。

何地=浙江省富春江,即距离杭州不远的上游河中。

谁=马戛尔尼一行,以及琉球朝贡使节。

"做了什么"相当于研究者为事情拟一个题目,相当于新闻报道的"标题"。

这个时候,"做了什么"=马戛尔尼一行遇见琉球使节团。

至此,具体事实都已明确了。接下来,为了回答"为什么、怎么样",需要将其分成三个位相进行考察。这三个位相就是物质、人格、情报。

用物质这一位相来看,"马戛尔尼遇见琉球使节"这一场面,用描绘漫画进度的一格来进行想象比较好。马戛尔尼一行人的着装如何,与马戛尔尼随行的清朝翻译或官员穿什么样的衣服,他们乘坐的船的大小以及形状如何,以及通过与琉球朝贡使节进行比较,来把握他们的特点。见面地点的景观,以及河水流量等都是重要情报信息。这些事实若是马戛尔尼具体记载的话,那么在河川交通史等历史研究中,该史料应该具有一定地位。而且,从物质的角度来解读史料,也可推进近年备受瞩目的生态环境史的研究。

---

① 马戛尔尼著,坂野正高译:《中国访问使节日记》(『中国訪問使節日記』),东京:平凡社,1975 年。

对于人格这一位相,可以从与马戛尔尼会面的琉球使节是何人,以及从清朝遗留下来的《实录》或者档案、琉球王府的史料等方面进行考察。在第一章第一节中,笔者将提示人格研究的方法,在第三章以后还会以实例来展开论述。对于方法论没有兴趣的读者,可以越过第一章、第二章,直接从第三章开始阅读。

从情报这一侧面来看,首先从马戛尔尼描写的琉球使节的形象开始着手分析。对于这一情报,马戛尔尼回到英国后,以何种方式进行宣传,可以成为今后研究的课题。也许,马戛尔尼是第一个遇见琉球人的英国人。进入19世纪,英国开始寻求外交途径,派遣艾姆赫斯特中国使节团的时候,英国海军舰队拉伊拉号(Lyra)在将使节团送往中国后,于1816年访问了琉球①。根据拉伊拉号舰长会馆遗留的记录可以了解到,在要求日本开国之前,佩里曾经催促琉球开国。

若从情报的角度定位1793年马戛尔尼与琉球使节会面这一事实的话,那么,关于英语圈琉球形象变迁这一课题,它就成为了一个事件的起点。

从史料抽象出事实,再追问事实是什么(what),然后,设置何时、何处、谁(when、where、who)的提问并进行回答,从物质、人格、情报三个位相进行拓展,根据挖掘出来的新情报,回答为什么、怎么样(why、how)的提问。若回答"为什么琉球使节会在那个时候出现在那里"的提问,就会扩展到清朝与琉球王国之间所建立的朝贡关系。若要回答"马戛尔尼的记录对后来的英国与琉球的关系有何影响",就要考察琉球开国的进程。从这些事实出发,遵循每个研究者的视点,就能够构成事件,这就是历史研究的一个到达点。

---

① 巴兹尔·霍尔(Basil Hall)著,春名徹译:《朝鲜·琉球航海记——一八一六年与艾姆赫斯特使节团一起》(『朝鮮·琉球航海記——一八一六年アマースト使節団とともに』)(文库),东京:岩波书店,1986年。

第一部

本书结构

第一章

基 本 理 论

第一节　历史系统论

至 1970 年代，马克思主义唯物史观以绝对性的优势影响了历史研究者。在日本学界，1980 年代以降，也未产生欲超越历史唯物主义的明确理论，致使历史研究走向陈腐化。在新理论尚未登场之际，历史研究学者的关注点产生了分散化趋势。就连学习历史的学生也将兴趣从政治史、经济史这种严肃性历史研究而转向文化史、社会史这种趣味性历史研究。这就是这一时期历史研究的现状。

1980 年代，法国年鉴学派的理论著作被大量译成日文，就连在学生时代曾专研过马克思、韦伯等理论的笔者、社会史的领军人物像欧洲中世史专家阿部谨也、日本中世史专家网野善彦等也都受到年鉴学派的影响，而从社会经济史研究方向转向从事社会史研究。虽然转变了研究方向，但是因为没有基本理论支撑，从而感到了潜在的危机。

巧合的是，在那个时期，今田高俊[①]等提出了以自我组织性为新视点的一般系统论。笔者曾在高中时代感受过控制论[②]的魅力，因此，这一理论使

[①]　与自我组织性的遭遇，是今田高俊在《现代的脱构造——产业社会的走向》(『複雑さを生きる』)(《中央公论社》中公新书，1987 年)提出来的理论。

[②]　诺伯特·维纳著，池原止戈夫译：《人间机械论——控制论与社会》(『人間機械論－サイバネティックスと社会』)，美铃书房，1964 年。

笔者倍受启发。一般系统论后来也得到飞跃发展,经过自创生系统论等的论争,现在与其用复杂系统表达,不如用包括性结构来表达更恰当。在从自我组织性向复杂系统开展的系统论过程中,派生出内部观测和功能可供性等新视点①。笔者在质疑的过程中,一面将这些理论为己所用,一面试图构建新基本理论。基于这些思索,逐步构建了"历史系统论"。

在历史学界,1970 年代后半期,马克思主义史学的从属理论成为讨论热点,在之后的 1980 年代,伊曼纽尔·沃勒斯坦(Immanuel Wallerstein)的世界体系论成为最具影响力的理论。现在,作为解释全球史的理论成为潮流。这些理论成为支撑基本理论与个案研究理论之间的中间性理论。用电脑系统来打个比方吧,"历史系统论"相当于操作系统,而世界体系论则相当于应用软件,正是因为这些软件的支撑才能开展个案研究。

在日本的历史学界,具有从外国引入理论的学术传统,日本学者即使提出了基础理论,也不存在生存空间。至今为止,"历史系统论"借助非特定场合得以公开发表②。因为只是散发性、片断性的提及,因此至今并未受到瞩目。1990 年以降,笔者所发表的个别具体的研究论考,不论是否明确说明,都是以该理论作为依据而进行的研究。若历史学界对于笔者的个案研究认可的话,那么,笔者所建构的基本理论也具有有效性。

为了后续阐述"历史系统论",笔者将诸历史事象分成了三个交叉流程。这三个流程分别为:以生态系统命名的物质—能源流程、以语义系统命名的情报流程、以社会系统命名的人格流程。

---

① 青土社 1997 年出版了一套丛书"复杂系统科学与现代思想",成为该领域入门书,全面概括了该领域的概貌。而且,研究中国经济史等的专家安富步氏所著的《生于复杂》(『複雑さを生きる』)(东京:岩波书店,2006 年),论述了复杂系统的思考方式如何导入历史研究,具有参考价值。

② 《思考地域、从地域角度思考——图说历史系统论(1)~(2)》(「地域を考える・地域から考える—図説史的システム論(1)~(2)」)《熵》第二六号、二七号,熵学会;《历史系统论与物质流:十八世纪中国森林史》(「史的システム論と物質流:一八世紀中国森林史のために」),《史潮》新三八号,1996 年;《历史系统论与情报流:十八世纪中国森林史》(「史的システム論と情報流:一八世紀中国森林史のために」),神奈川大学中国语学科编,《中国民众史的视座》,东京:东方书店,1998 年,等。

笔者 1999 年出版的《森林和绿色的中国史》①，就是以这三个流程的交叉方法，论述了中国文明的变迁。还有《瘟疫与村落》②一书，则从生态、社会、语义三个位相阐释了日本七三一部队给中国社会带来的伤害。本书站在七三一部队研发的细菌兵器的受害者的立场，对日本法院的陈述意见进行了增补修订后出版。笔者的近著《货币的条件》③，以"宝贝"这一物质在人与人之间流动的理由为主线，从语义系统和社会系统两方面进行了论述。

1995 年，笔者的《传统中国》一书，以社会系统的视角阐述了中国东南部的地域社会。2002 年出版的《老虎诉说的中国史》，主要以生态系统为视点，对该地域进行了论述。同时，2007 年出版的《以风水为名的环境学》则属于语义系统的研究。这样看来，这三部零散的著作可以称得上是笔者"历史系统论"的地域史三部曲④了。

与以上系列不同，笔者现在急切于完成东欧亚史系列著作。作为开端，2005 年出版的《海与帝国》，以"交易"为中心，以物质的流动为切入点，论述了从 14 世纪到 19 世纪五百年的历史。作为通史，该著作很少涉及制度史、政治史以及文化史，因为受到了来自各界批判的声音。但是，这就是笔者当初的写作意图。已经出版的《海与帝国》，作为东欧亚史三部曲的第一部著作，具有重要意义，在那之后的 2013 年，笔者又出版了《中国海域蜃气楼王国的兴衰》，这部著作以人格的侧面进行了论述。现在，笔者试图从情报流动的角度来撰写海域世界的历史。

本书撰写的列传篇，以理论贯穿始终。若理论不是产生于具体研究实践，则□是空论。

……述社会系统之前，我们首先要明确历史系统论概要。这……

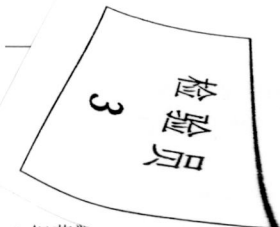

———生态历史的尝试》(『森と緑の中国史－エコロジカル・……，1999 年；朱海滨译，《森林和绿色的中国史》，济南：山……

……战与被害者之"伤"》(『ペストと村－七三一部隊の細菌戦と……，……阿社，2009 年。

③ 《货币的条件——宝贝文明史》(『貨幣の条件－タカラガイの文明史』)，东京：筑摩书房，2016 年。

④ 《传统中国——从"盆地""宗族"看明清时代》(『伝統中国－盆地・宗族にみる明清時代』)，东京：讲谈社，1995 年；《老虎诉说的中国史——生态历史研究的可能性》(『トラが語る中国史－エコロジカル・ヒストリーの可能性』)，东京：山川出版社，2002 年；《以风水为名的环境学》(『風水という名の環境学－気の流れる大地』)，东京：农文协，2007 年。

一理论以 20 世纪急剧发展的系统论导入历史学为目标而创建。该系统论的关键是复数要素、要素间的关联以及反馈。所谓反馈,是指某要素的变化对其他要素的影响,连锁要素间的传播,对最初要素的影响,防御初发变化。这些循环性关联,在逐渐导入自我言及这一哲学课题的过程中,发展成为自我组织性这一理论。并且,反馈在促进初发变化的状况下,一旦超越某一阈值,系统本身会产生不可预测的变化,从而造成不可复原的可能性是存在的,这一点必须明确指出。这一系列变化可称之为非线形变化。支撑历史唯物论的"辩证法",作为被系统论限定的形态出现,这一革命理论,可能会受到非线形变化的限制。

基于一般系统论而建构的历史系统论的概要,将历史"事件"从三个交叉位相进行研究,即生态系统、语义系统以及社会系统。生态系统是依据物质、能源的流程而得到反馈从而成立的系统,语义系统是从情报流动得到反馈而成立的系统,社会系统则是依据人格流动得到反馈而成立的系统。其中被使用的事实,成为人格生成的进程。

人格问题,至今在历史学领域并未得到正面论述。今天,尽管人们经常阅读历史小说,却不怎么阅读历史学研究著作。历史研究者并未对历史学衰退的原因进行追根溯源的分析。历史学应该克服"英雄史观"而提倡"科学历史学"。但是,就是因为撰写曾在历史上留名的人物历史,才造成了历史学的衰退。研究人物的方法,可理解为在与其他研究领域进行比较之时,造成了研究的停滞。研究方法的停滞,对于指导历史专业学生的方法也造成了影响。导致想撰写历史人物评传的学生改成其他研究选题。结果,喜欢历史变成了讨厌历史。

历史人物的撰写方法,是本节论述的一个课题。这种方法论,不是把人物作为实体研究,而是将其作为在人格流中产生的运动态或者行为态来把握。人格流这一寡闻少见的说法,是为表现人格生成活力而选择的概念。

第二节　人　　格

下面对人格进行论述。从语言定义上看,人格是作为主体的个人。所谓主体,是能够成为行为主语的自我以及与自我同样存在的被假定的他者。

笔者认为有必要从作为建构人格流起点的自我展开论述。从哲学角度分析自我的话,选择笛卡儿"我思故我在"的命题最恰当不过了。这句拉丁语"cogito, ergo sum"(我思故我在)在《方法序说》中从法语"Je panse, donc je suis"翻译而来。这里有个区别就是,在拉丁语中没有明确表现出"我"这一主语。拉丁语一般以动词的格来表示主语,如下所示:

cogito——动词"思"的第一人称单数格

ergo——故

sum——动词"在"的第一人称单数格

"cogito"这一动词就指"我"。但是,笛卡儿设置这一命题时期,还不能证明没有"我"的存在。动词格变化,以"我"、"你"、"我们"、"他"这一系列人称体系作为前提。因此,在不能证明"我"的存在的阶段,就不能决定动词的格。也就是说,这一命题从拉丁语直译的话,如下所示:

cogito,ergo sum

"思",故"在"

"思"这一现象或者说运动、行为,"在"这一命题,至今已成为共识,因此没有疑问。在这里,以"思"为媒介的自我言及,存在反馈。"我"作为个人,在历史系统论中是生成的事件,是一瞬间的并非固定的存在。用佛教用语来表示就是"无常"。

历史系统论模式,全部历史事实可以用旋涡来比喻。旋涡是将旋涡之外流入的水回旋后流出的运动。在河水流动中,旋涡无法取出来。但是,旋涡的形状是持续的。而且,即使瞬间就发生形状改变,但是却能够显示出不同的旋涡来。从旋涡外部看那是运动,从内部看则是行为。

按照历史系统论来看,"我"作为个人,相当于河面的"旋涡"。在历史系统论中,"我"要从生态、语义、社会三个系统来把握交叉事件。也就是说,"我"从外部观测是一个独立个人,与此相对的从内部观测的话,可以说由三个方面构成。然后,在建构历史系统论阶段分别相当于以下三个方面,即理性的语义系统(情报流)、感情的社会系统(人格流)、体感的生态系统(物质流)。

历史系统论首要任务是确定"我"这一要件,为了确定"我","他者"的存在是必要的。但是,因为"我"与"他者"之间界限暧昧,所以必须要同时事先确定。

在生态系统中"我"被认为是皮肤内侧。从皮肤外侧摄取食物以及水分等物质,作为养分被吸收以维持皮肤内侧正常的新陈代谢。废弃物以粪尿等形式从皮肤外侧排出。但是,皮肤内侧存在的胎儿,并不是"我",很明显是他者。

在语义系统下,"我"被认为是五感官界面(眼、耳、鼻、舌、皮肤等)的内侧。从界面进入的情报,在"大脑"中被处理。这里"大脑"并不是指作为物质的身体器官,而是在这一器官中运行的电气信号的总体,成为语义系统的"大脑"。"我"用大脑思索。正因为思索才存在"我",这就是笛卡儿的命题。

"我"控制着我的思索,而一般认为这一思索存在于个人内部。但是,当思索的情报流处于紧迫之时,人格就无法控制思索。这个时候,思索作为他者的声音被认识。我们经常将思索的跳跃用"神的启示"等方式表达,这也是思索自他境界的暧昧证明。举一个中国史的例子,关于"龙场顿悟",有人认为这是王守仁被贬为偏僻的贵州省龙场站官员,身心遭受巨大压力之下产生的,也有人认为是他屡次遭受科举考试失败,病倒后在病床上出现的幻觉。

下面从"我"这一视点来辨析社会系统的特征。社会系统是构成人格要素的系统。社会系统中的人格,是与"我"相同的"他者"。在生态系统、情报系统中,也存在不以"我"为前提的研究课题。例如,数理经济学等运用统计学以及博弈学等理论将"我"从经济模式中抽象出来。但是,社会系统的历史研究,通常以"我"为前提。

因为包含"我"的系统,在社会系统里面没有再现性。例如对蚂蚁的"社会"与人的社会的差异进行分析就会发现,在蚂蚁的"社会"里,不包含"我"的因素也可以观察。在这一系统中,只有物质流(生态系统)和情报流(语义系统),也可以记述。蚂蚁的行动,例如在味道物质等情报物质的分析中,进行全面论述,再现物质与情报的关系,就可以预测蚂蚁的行动。

在观察蚂蚁时,需要将某一只蚂蚁与其他蚂蚁进行识别区分。例如阅读法布尔(Jean Henri Fabre)《昆虫记》等著作的话,要对昆虫实施具有再现性的实验。实施这一实验的可能条件,是要停止对每个蚂蚁以女王蚂蚁、兵蚁这样的形式进行分类,因为这样经常会区分不开每一只蚂蚁。要给每一只蚂蚁命名,区分观察,也可能会出现不能再现观察结果的情况。

由人格构成的社会系统,人格被定义为与"我"相同的他者,因为"我"与他者无法互换,所以没有再现性。不同人格,即使是同卵孪生儿,即使在物质、情报方面等质,因为在社会中存在无法互换性,因此也不能再现。依照社会系统的观察,为了从"我"以及与"我"相当的他者的定义出发明确人格,必须要让"我"以外的人格认为"我"就是"我"。用简单的话来说,社会系统的观察要具有"共感"力。

社会系统观察的客观性如何保证呢? 在生态系统或者情报系统的情况下,为了证明观察的客观性,要能够将再现性作为要件之一列举出来。但是,社会系统的情况,因为构成要素具有非互换性,所以不能再现。客观性的论证通过可能世界的思考方式①展开。

可能世界的思考方式,是莱布尼茨(Gottfried Wilhelm Leibniz)提出的伦理学,是指在思考命题时,将某一命题成立的世界,与不存在的世界作为无限个世界的集合来进行思考的哲学。在思考社会系统时,不只是一个现实世界中有许多人格,而是各个人格拥有的各个"我"所具有的无数世界。也就是说,不是用"我如果是他"这一假定来考察,而是采取"实际上我是他的可能世界"这种形式来思考。

第三节　人格标识

前一节展开了抽象论述,历史学方法论必须改变阅读史料的方法。在面对史料之时,从历史系统论的基础开始,研究则无法推进。解读史料,需要简单的原则。笔者认为,生态系统论研究方法的简单原则,是将史料出现的所有动植物、疾病等用国际标准学名进行比定。学名比定,可以运用理学、外国等数据进行检索,也可进行国际学术交流。语义系统的研究方法,必须注意事象如何被分节化。那么,社会系统的研究原则如何确立呢?

如前述,社会系统包含"我"的系统,因此,其客观性作为可能世界应该被论证。从这一点出发,"社会系统",例如卢曼(Niklas Luhmann)等,为了抽象出"自我"这一起点,有必要与历史系统论划清界限。

构造、阶级、阶层、民族、国籍等,陆续在历史研究中登场的类概念,在论述人格流中成为二次使用的用语,必须作为研究前提首先明确。相同位置

---

① 作为入门书,笔者推荐阅读三浦俊彦:《可能世界的哲学——"存在"与"自我"》(『可能世界の哲学—「存在」と「自己」を考える』),东京:日本放送出版协会,1997 年。

的人格是同等的,认为可能置换的"制度史"必须作为研究的关键。"我"这一事件,具有历史的一次性。人格被定义为与"我"相同的"他者"。某一人格落入类观念,就必须要考虑能否与他者进行互换。在基于历史系统论叙述之时,要求自觉禁止使用阶级、民族等语言。

构成社会系统的人格如何操作呢?试图反省"我"的话,实际上也逐步拥有多样侧面,一般作为同一人格被统合。对父母来讲是孩子,对配偶来讲是丈夫或妻子,对孩子来讲是父母,从职场角度来讲是课长(或者部长、社长),从地方自治体来讲是市民(或者区民、町民、村民),对国家来讲是国民,若立足于地球的视点则是人类。各个侧面并非都是零散的,而是基于同一人格的作用,可称之为"认同"。

认同是运动乃至行为。一般脍炙人口的用语,就是形成了认同的词语。其中的运动乃至行为,为了说明顺序,有必要引入"标识"这一概念。所谓标识,是人格各个侧面的一个个记号。身体的特征,例如经常以体型、人相等作为标识。这就像身份证上的照片,能够直观理解。因为有时也可根据声音认识个人,因此声音以及话语也成为认同标识。而且,对历史研究而言,最重要的标识是名称。名称,为了后续论述,需要在本名上加上绰号、职务名等。例如在职场中,某一人物与"课长"打招呼,在公司组织内部不直呼"课长",而用具体人名代替。

认同的进程,一般按照如下步骤展开。人格 A 具有多样标识,人格 B 选出其中一个标识作用于人格 A,人格 A 接受来自于他者 B 的行为,并操作了自我标识。这一系列动作,可称之为人格流。若这一人格流具有积极反馈,就强化了他者 B 选择的标识,这一标识的核心人格就形成了。顺应多样标识,解释多样他者所进行的多样行为,对"我"这一人格统合成功之时,就达成了对人格 A 的认同。

但实际上,这一进程未必顺利开展。正因为认同进程包含危机的事例,基于历史系统论的研究才成为有趣的课题。

基于人格流标识的分类大致如下:

身体标识

身体特征=表情、体型、皮肤颜色、年龄、香味、臭气等

身体装饰=穿着、衣冠、发型

空间配置=动作、席序、龙椅等

声音标识

言语＝母语、说话方式、方言等

音乐＝仪式乐曲、主题曲等

肃静＝即使没有声音,也经常被称为人格

名称标识

本名、昵称、绰号、通称

字、谥、庙号(指皇帝的号)

职务名

2005 年出版的《海与帝国》,笔者未明确阐述标识这一观点,在论述中就运用了。按照历史系统论研究顺序,将这一论题整理如下。

记叙的事件。嘉靖某年的事情。在浙江省 P 海岸 A 与 B 相遇之时,因为 A 头顶的头发稀疏,B 杀害了 A。

在记述事件之时,要遵照记者报道新闻的"五个 W 一个 H"的必须条件。其中,为了确定事件必须要明确何时、何处、何人(三 W)。接着,研究者应该解释为什么(why)、怎么样(how),来利用历史系统论进行研究。

在解释该事件前,有必要从"三 W"来认识事件的时代背景。嘉靖年间浙江省沿海,倭寇极其猖獗。然后,明确了杀害 A 的 B,是奉命取缔倭寇的明朝士兵。这就是事件背景。接下来,探讨为何头发稀疏是 B 必须杀害 A 的原因。

按照历史系统论解释事件,可分成生态、语义、社会三个层面来探讨。生态系统(物质)层面,必须要论述为何会产生头发稀疏这一身体特征(但是,这一事件并没有足够可考察的资源)。语义系统层面(情报),B 将 A 的发型定位为"月代"发型,将其定位在分节化体系之中。月代发型是倭寇的典型发型。然后,进入社会系统层面(人格)进行分析,以 A 的发型为媒介,B 判断出 A 为倭寇。以标识为线索,B 意识到倭寇是敌人,于是杀害了 A。A 是否真是倭寇,并不是问题。发型成为标识,在人格中成为实施行为的对象。

嘉靖年间倭寇众多,大多是中国出身的人。但是活动据点从中国沿海迁移到日本九州,他们统一采用月代头型作为倭寇自身标识。五岛列岛的福江岛、九州平户的大倭寇头目王直,就留着日本武士的月代头。

不仅仅是穿着,名称也是历史研究者应该慎重对待的。第六章选取众所周知的郑成功,来论述名称在研究中的重要性。这一人物,实际上具有多个名称标识。他本名叫郑森,幼名福松,字明俨,号大木,在中国有多个别名,而且,朱成功(南明政权赐名),谥忠节,通称国姓爷,这些都是政治上冠以的名称。在台湾等地,与其对峙的荷兰人则称呼他 Coxinga、Koxinga、Koxinja,以这一人物为模型的日本歌舞伎称其为和藤内①,歌舞伎的名称为《国性爷合战》,与"国姓爷"只是"姓"与"性"的一字之差。

作为标识的名称,对应不同人格。幼名福松包含日本母亲作为日本人的标识,郑森是居住在福建郑氏一族的标识。而字明俨、号大木则是中国知识人的标识。在中国,直呼本名是失礼行为,因此一般称对方的字或者号。朱成功是南明政权标识,国姓爷是对明朝具有共感的人物的标识,而和藤内、国性爷则是日本歌舞伎标识。Coxinga 等是对于荷兰人的标识。除此之外,在亲族中称呼这一人物所使用的亲族称呼也是标识。这样看来,每一个标识对应的对象不同,名称就是对应不同他者而存在的。

第四节　作为标识的本名

身体特征等的标识,有视觉标识、听觉标识等多种。在历史研究中,对肖像画等进行分析的时候,视觉标识的利用成为可能。但是,对于许多前近代人物,遗留的图像很少,所以,作为历史标识的则是名称。按照历史系统论的史料阅读顺序,整理如下:

①列出史料中出现的名称。

②按照相同人格的名称进行分类。

③排除同姓同名的其他人格。

④对同一人格的名称,分析其所对应的他者表象。

⑤从与他者关系出发,进行人格再建构。

在中国,一个人格既有字也有号,存在很多名称。并且,因为也有两个或者三个汉字的表记方式,因此同名同姓的很多。确定不同名称的同一人格,排除同一名称的不同人格,是一项非常耗费精力的操作。

确定附属于同一人格的多数名称的操作,有必要以名称为中心进行汇

---

① 和藤内,"和"代表日本,"藤"与"唐"发音相同,指代中国。和藤内父亲为中国人,母亲为日本人,"和藤内"的意思是"既非中国也非日本"。

总。为了揭示作为生态系统研究要点的拉丁语学名,作为社会系统研究人格确定的核心,以本名为中心整理研究论文中出现的名称,在叙述时,应该遵循用本名表记人格的原则。如此一来,确定了对史料的态度,就能够保持叙述的一贯性。

历史研究者撰写的评传大多数并不是采用这个原则。笔者在撰写《海与帝国》时,一直贯彻使用皇帝本名表记的方针。永乐帝,众所周知在许多历史书中被标记的特别繁杂,但是全部以朱棣为标识。这一人格,除了本名外,在继承皇位之前被封为燕王,死后谥号是文皇帝,庙号在他去世后是太宗,但是嘉靖年间又被改为成祖。永乐帝是他统治时期的年号的通称。皇帝庙号面对的他者本来是王朝臣民。汉学者受到史料影响,在表记朱棣之时,有时也采用成祖。但是,因为研究者并非王朝臣民,所以,必须避免这样的混同。

认识人格之时作为中心的本名究竟是什么?实际上,本名具有许多特征。本名不能自己命名。也就是说,禁止自己命名。据出口显①的研究,据说存在父母不给孩子命名的社会。在那样的社会中,因为父母被认为与孩子具有同一人格,所以根据禁止自我命名的规定,孩子就没有本名。给本名命名,伴随着权力性和暴力性。也就是说,按照名字命名,至今没有名字的孩子,在人格流中能够呈现。若是根据本名进行改名,在之前和之后,都被看作其他人格。

社会系统的研究方针用图示表示如下:

确定标识(A、B、C、D⋯⋯)

在名称中确定本名 A

探讨本名与其他标识人格流上的差异(A≠B、A≠C、A≠D⋯⋯)

符号"≠"表示 A 与 B 即使是同一人格标识,但是两种标识被定位在不同的他者关系中

在研究、叙述中,尽管应该采用人格用本名记载的原则,但是出乎意料的是,确定本名非常困难。例如,清朝第四代皇帝爱新觉罗·玄烨(≠康熙帝)以降,实行名讳制度,皇族使用的名字,臣民就不能再使用。第三代皇帝福临(≠顺治帝),本名为满语,使用"福临"表记,也只不过是汉字对应的满

---

① 出口显:《名字的考古学》(『名前のアルケオロジー』),纪伊国屋书店,1995 年。

语文字。但是福临时代以降,因为清朝皇族使用汉字名称,所以臣民使用皇帝本名的汉字会受到责罚。

爱新觉罗·胤禛是清朝第五代皇帝(≠雍正帝),于是"胤"字的使用成为禁忌。在那以后的史料中,兄弟本名使用与"胤"发音形同的"允"进行替换。例如,1675 年,皇太子胤礽,雍正时期以降,史料记载的名称改为"允礽"。这种情况,其本名应该为"胤礽"。"允礽"并不存在特定命名者,而且改名前后人格应该没有变化。

更复杂的情况是第七代皇帝爱新觉罗·永琰(≠嘉庆帝)。他的父亲爱新觉罗·弘历(≠乾隆帝),指定永琰继承皇太子之时,因为"永"是常用汉字,若避名讳,会造成天下臣民的困扰,于是,将皇太子的名字改为不经常使用的汉字"颙",就变成了"颙琰"。这种情况,改名的是父亲,改名前后,其人格由皇族一员变为皇太子。以颙琰为本名的要件很多。但是,若撰写这个人物的评传,其即位前后标识发生了变化,为了不引起读者混乱,始终以"永琰"称呼比较好。

这里以人格流这一独特用语为题目,介绍了历史系统论这一陌生理论。但是,若将道理以解读史料的形式介绍出来的话,读者一定会很满意。要点是,史料出现的人名,尽管是相同人物的名字也不能用等号("＝")连接,必须考察何人在何意图下使用这一名称。

在本书撰写中,选取人物的本名撰写列传。但是,如果以普通读者陌生的名字一以贯之,会造成不亲切感,因此在整理每个人物的标识之后,使用了通称。例如,郑森这一本名很难理解,于是使用郑成功这一通称。将上述理论铭记于心,第三章以后就很好理解了。

第二章

东欧亚下的中国

第一节　大陆的东欧亚

本书题目所包含的"东欧亚"这一地理名词,是笔者在拙著《海与帝国》中提出的概念。这部著作基本上是笔者在云南撰写的。在访问云南之前,笔者认为云南是中国西南部的边疆,但是现在从云南鸟瞰世界,才发现那里绝对不仅仅是边疆,而是相当于东欧亚中心的位置。

1984年4月中旬,我到大理古城,参加在大理举办的"三月街"交易会。此交易会从农历三月十五日开始,持续数日,具有悠久历史,据说可以追溯到唐代观音庙会。这个大型的交易会集结了多个民族,在元代得到发展,在明代也比较繁荣。

三月街会场在大理的市街地东部,从城市到会场的沿街道路上,快餐店和日用杂货店鳞次栉比。广场中心搭建了卖衣服和电子制品的帐篷,其中一角在摆卖苗族药材、熊掌、鹿角、猴子木乃伊以及冬虫夏草。在稍远一点的其他帐篷里,藏族医师正在给人们看病,并用藏族文字书写处方。许多女性穿着少数民族的衣服。从服饰特点来看,她们是白族、彝族、藏族,以及与缅甸国境临近地区的景颇族等。

为了感受缘日的喜庆,笔者站在了牛马家畜的交易市场。虽然交易会期限短暂,但据说交易额很可观。在市街地北部,交易会期间还举行赛马比赛。在热闹的大理,笔者竟然见到了乳扇和用汉字表记的奶酪。中国菜并不使用奶酪。笔者在中国留学期间,特别怀念奶酪。当时是1980年代,买奶酪要到上海,只有在外国人用品店卖进口物品的地方才能买到。

但是在大理,作为当地食材而制作成的扇形薄片状的干奶酪,到处可以买到。第二年的1985年,再次访问大理时,当笔者得知这里用当地奶酪向外国观光游客提供奶酪火锅时,无比惊讶。从大理向北,进入以畜牧为主的文化圈。该文化圈延续到蒙古草原。在大理市,笔者知道这个地区连接中国内陆与青藏高原,而且得知了从这里有到达蒙古高原的路线。这一发现,极大改变了笔者的地理感觉。这一新的地理感觉,笔者在阅读了当地的导游书籍后感觉更加强烈。曾经在大理,西部缅甸产的翡翠,南部云南西双版纳的茶叶,中国东部生产的纤维制品和杂货都曾被运到这里销售。

以大理为基点环顾四周,北经青藏高原可到达蒙古高原,东经贵州可到达中国的中心地区,南经西双版纳可到达东南亚,西经缅甸可到达印度,这一广阔世界浮现在眼前。这一空间称谓什么才好?2004年,笔者有机会在云南生活了一年时间。那时,"东欧亚"这一概念不由自主地浮现在脑海。

将大理作为基点向周围环望,本书最初选取的茶叶交易路,就经由此处,到达洱海西岸,再攀登高原,与青藏高原相连。而且,若取道这条路的北部,也可到达蒙古高原。

若从大理向东,是铜之路。经过四川、贵州可到达长江上流,从陆路换乘船沿着大河而下,可到达中国经济的核心地区江南。若从江南乘船向东中国海航行,能够到达17世纪最大的铜出口国日本列岛。在扬州驶出长江,进入明代开凿的大运河,经过华北平原,可以到达天津,以及元、明、清时期和现在中华人民共和国的首都北京。

从大理向南,海拔逐渐下降进入西双版纳。这里本来是泰族王权统治的地区,每个盆地在政权合并的同时形成了泰文化圈。这一文化圈,包括现在泰国西北部以清迈为中心的区域。在盆地中部湿润的土地,泰族兴建精致的水利,成为富裕的稻米产地,在盆地周围的丘陵和山地,聚居着以烧畑农业为主的多个少数民族。山民利用茶园,以生产茶业为生。从大理向东南,进入红河流域,欣赏着哈尼族建造的棚田,出了越南北部。

从大理与西部相连的道路,就是中国著名的翡翠之路。缅甸产的翡翠,经由这条路运到中国的中心地区,迷倒了清代的中国人。从缅甸的密支那向南经由八莫到达曼德勒、仰光,与安达曼海相连。19世纪,从云南西部的腾冲开始,许多汉族人沿着这条路形成的网络,开展商业活动。从密支那向西的道路,可以引导旅人到达印度。

用交易路线连接的地域,以大理为中心画一个同心圆,本书所描写的"东欧亚"范围就显现出来了。在地表半径 500 千米的圆圈中,正好将云南省收入囊中。在半径 1000 千米的圆内,包含横跨中国和东南亚大陆的泰文化圈、青藏高原的东部、四川盆地、中国贵州、广西少数民族聚居区。这可称作是直接与云南接壤的云南的外缘部分。

以大理为中心,以 2000 千米的半径画圆的话,青藏高原的大部、云南藏传佛教格鲁派开祖宗喀巴诞生地的青海、江南地区以及北京都位于圆周线上,还包括台湾、东南亚半岛、孟加拉湾沿岸的印度世界。这是东欧亚的中心地域。

若将半径扩大到 3000 千米的话,这一区域包括青藏高原全部、塔克拉玛干沙漠的绿洲都市群、成吉思汗诞生地蒙古高原、清朝故地中国东北部、朝鲜半岛全域以及日本九州。日本与中国之间的交易,若考虑北九州的博多和鹿儿岛的坊津,这一范围包括东中国海的交易圈,中国的生丝,日本 16 世纪的银,17 世纪的铜交易也在该范围内。这一范围也包括菲律宾、东南亚岛屿、印度亚大陆的东半部,被认为是东欧亚历史的主要舞台。

第二节　东欧亚的历史

东欧亚拥有多样的生态环境,按照不同的自然条件,产生了多样的生计。这样的东欧亚,何时登上历史舞台的呢?

追溯东欧亚的中心云南的历史,可以上溯至公元 2 世纪左右,当时已经具有了贯通云南的物流。汉武帝时期,为了对抗在亚欧大陆草原扩张势力的匈奴,于是派遣张骞出使西域。张骞历经十余年苦难,回国时带回了一个让人惊讶的情报,那就是中国四川生产的绢织物等经由云南被运到了印度。汉武帝绕道匈奴的势力范围,开拓了经由云南到达印度的道路,计划与名马产地往来。

但是,汉武帝的尝试最终失败。也许因为从四川到达印度的物流,采用居住在各地的民族间传递的方式进行,没有一条固定道路。当时的交易,还没有达到通过改变生态环境开辟道路的规模。交易道路到 13 世纪中叶才出现。

在蒙古高原,成吉思汗建立了蒙古帝国,第四代大汗蒙哥汗时期,企图将势力扩大到中原。蒙哥汗让弟弟忽必烈攻打南宋。当时,长江防线是中国南部保护南宋政权的命脉。擅长骑马作战的蒙古军队,无法突破该防线。蒙哥汗命令忽必烈绕道长江中下游,控制云南,从背后袭击南宋。

元军征战南宋,分成右翼、左翼和中军三路,采用了夹击战术。1253 年夏季,在临洮,忽必烈军分成三个方面军。右翼(西路)由兀良合台率领,沿青藏高原东部溪谷南下。汉族大将汪德臣率领左翼(东路),进入四川盆地,突破南宋地方军,攻陷成都,翻山越岭进入云南。忽必烈率领本部从四川西部南下。

三方面军的目的地是交易重镇大理。当年秋季,大理正处于段氏政权统治之下,被元军灭亡。第二年忽必烈凯旋而归,留兀良合台镇守云南,并计划平定云南的同时向越南扩张势力。

忽必烈建立元朝后,云南成为帝国的南部重镇。在忽必烈王朝任职的马可·波罗,在《东方见闻录》里描写了当时云南的情况。他不仅记载了那里具有奇异的风俗,还记载了四川产的盐在云南作为通用货币使用,现在缅甸境内每周三次的定期集市,以及来自远方的商人集结在那里进行交易的事情。

> 从昆明西行十日就到达了大理。……这里有许多可以淘金的大河,在湖里和山上能够采到大金块。在这里,珍珠也作为通用货币在使用。但是,这里的珍珠并非本地所产,是从印度运来的。[1]

马可·波罗还记载了连接印度与云南的道路。

笔者在大理三月街访问之时,在广场见到了文字已经磨灭的石碑。这个石碑是忽必烈征服大理所立的"世祖平云南碑"。站在石碑前,笔者感受到了以云南为中心的广阔空间。由于忽必烈远征,将蒙古高原与云南结合的 1253 年,标志着东欧亚的诞生。

攻占云南的蒙古帝国,之后一举攻下了南宋。在蒙古帝国征服中原的进程中,建立了具有健全的中国官僚机构的元朝。以元朝为中心,围绕东欧亚多样生态环境的交易飞速发展。云南西南部生产的茶叶,作为商品出现是在这一时期,黑井的盐井在蒙古官员的监督下开始制盐,也是在这一

---

[1] 爱宕松南译:《东方见闻录》,平凡社。

时期。

俯瞰东欧亚全域,长江下游高质量的绢织物、景德镇等地的陶瓷器,向东欧亚全域出口。与此同时,东欧亚大量的白银流向中国。元朝以征收商业税、盐税等形式从市场征收银,承认元朝皇帝为蒙古帝国的盟主,要向东欧亚各地的蒙古政权缴纳银。这些银重新投资维吾尔族和穆斯林经营的商社,用于购买中国物产。此交易可谓白银的大循环。

由于蒙古帝国保护商业活动,约束交通安全,所以围绕陆地和海洋的远隔地交易盛行起来。这种交易以白银的循环作为支撑。但是,东欧亚拥有白银的绝对量,14世纪,扩大的交易规模无法得到保证,导致经济发展失衡。元朝之后,统治中国的明朝,不得不采取抑制远隔地交易的政策。

经过长期不景气后,到了15世纪中叶,在中国依托白银的经济复苏。而且,在日本发现了石见银山,于是,西班牙人从美洲大陆来到菲律宾的马尼拉,开始获取白银,东欧亚全域白银持有量增加,加速了远隔地交易的发展速度。这样一来,从15世纪后半期到17世纪,在东欧亚以中国物产为中心,进入了"商业时代"。因为这些交易,东欧亚各地生态环境开始激变。

在热带雨林和季雨林蔓延的东南亚,商人以与海洋濒临的港口城市为据点,溯河而上获取森林物产后,开始进入内陆。居住在森林的人,为了获得面向远隔地交易的产品,也走向森林。人与生态环境的关系,急剧变化。在中国长江三角洲流域,面向交易的养蚕和植桑等行业兴盛,作为这些手工业地区的粮食供给地,在长江中游,为了米谷生产,自然环境也被人为地改变。

17世纪东欧亚的交易,再次遭遇瓶颈。经过百余年的摸索,18世纪,产生了新的系统。新系统重要的是产业振兴。获得的白银和铜等贵重金属,不参加交易。海外进口的物产在本国也能生产,从国外进口必要物产,是为了生产国际受欢迎的商品(世界商品),因而人们会有组织地从基盘开始建设新的生产工程。从18世纪到19世纪这段时期,可称之为"产业时代"。

日本在江户幕府的统治下,生丝国产化,代替出口银、铜等金属,俵物这一海产业开始兴起。特别是北海道的昆布,从青森到三陆海岸的鲍鱼等,在中国作为高级食材受到欢迎。荷兰和英国,在东欧亚也开始生产世界商品。这样,产业振兴从根本上改变了生态环境。

第三节　海洋的东欧亚

从海洋来看东欧亚,它是由日本海、渤海、黄海、东中国海、南中国海、孟加拉湾以及与之接壤的陆地和岛屿构成的空间。东欧亚是在历史形成过程中变化的空间。

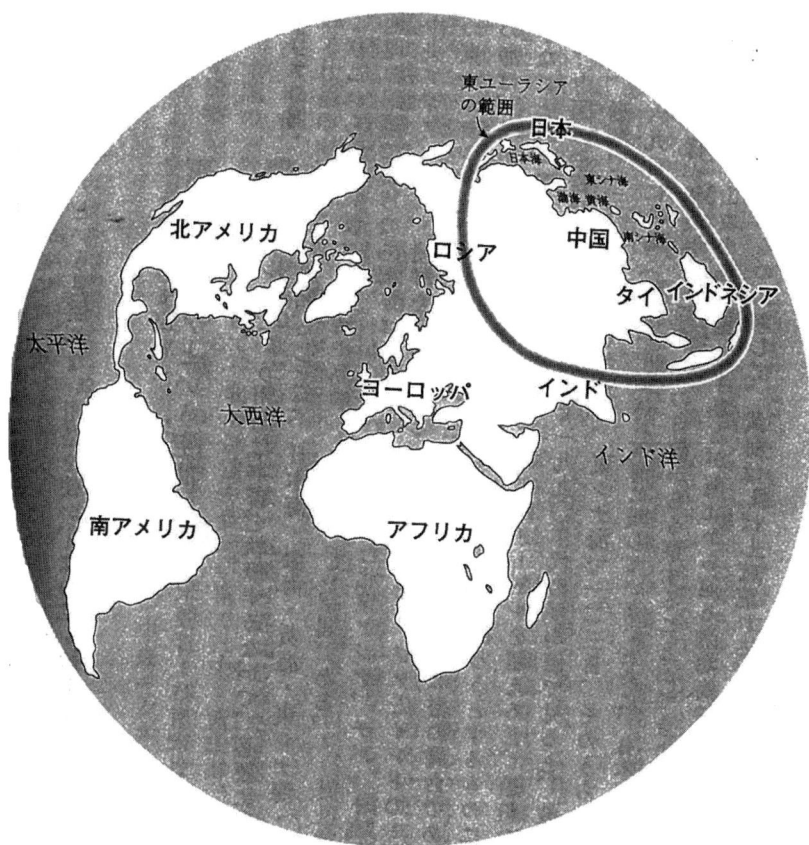

东欧亚的范围图

元朝在进攻南宋过程中,试图与以华南为据点经营海洋交易的穆斯林商人接洽。而且,元朝继承了南宋舰船和造船的据点。生活在高原的蒙古帝国,此时开始向海洋扩张势力。他们曾经两度远征日本,向东南亚海域采取军事行动,这些都是向海洋扩张的反映。另外,因为蒙古帝国的势力伸向了印度洋沿岸海域,所以,中国帆船也进出于印度洋。

围绕内陆与海洋交易的网络,依据以白银为价值基准的经济系统运营。在元朝统治下,元朝以商业税等形式,向东欧亚各地蒙古帝国内的领主、贵族赠送白银。这些白银用于投资穆斯林商人、维吾尔商人经营的商社,以购买绢织物、陶瓷器等中国物产。跨越东中国海、南中国海、印度洋的海域亚洲,成为中国系海洋商人活跃的舞台。

关于蒙古帝国时期的海域亚洲,1330 年代开始至 1340 年代,从泉州出发活跃于海洋的汪大渊所著的《岛夷志略》可见一斑。该著作所涉及的地域,从澎湖(位于台湾海峡的澎湖岛)、琉球(不是指冲绳,是指台湾)开始,介绍了交趾(越南北部)、暹(泰国的素可泰)、旧港(巴邻旁)等东南亚岛屿的诸地域,以及高郎步(斯里兰卡的科伦坡)、天堂(麦加)等印度洋、红海沿岸的诸城市等九十九个港口。有趣的是,他在记录各地风俗之后,例如"爪哇"条有这样描写:

> 使铜钱,俗以银、锡、鍮、铜、杂铁如螺甲大,名为银钱,以权铜钱使用。地产青盐,系晒成。胡椒每岁万斤。极细坚耐色印布、绵羊、鹦鹉之类。药物皆自他国来也。货用硝珠、金银、青缎、色绢、青白花碗、铁器之属。

还记录了对中国商人来说有价值的产品,从中国带来的商品以及交换手段。对海洋商人来说是非常重要的情报,从中可以了解交易的物产和交易方法。

14 世纪中叶,随着元朝统治力的弱化,白银的循环开始停滞,交易系统开始崩溃。大量发行纸币导致经济陷入混乱。这是导致元朝灭亡的关键原因。取代元朝统一中国的明朝,有必要建立不依赖白银的财政系统。为了防止海外交易使用白银的经济带来的影响,明朝将交易掌控在王朝的管理下,因而形成了朝贡体制。明朝向前来朝贡的各地政权首长,授予王侯君长等爵位,形成了身份序列。基于这些身份序列,参加朝贡的政权,期望履行贸易交涉、遭难者送还等实务性交涉。

在国家的统制下,拥有进行贸易的经济侧面。不同国家的朝贡使节,有义务到指定港口朝贡。为了接待使节、管理使节的交易,明朝设立了市舶司这一机构,禁止不遵循朝贡体制的民间交易。15 世纪前半期的永乐帝时代,明朝凭借朝贡体制成为海内外强盛的大国。为了促进朝贡体制建设,明朝派遣郑和率领船队从东南亚到达了印度洋沿岸地域。

随同郑和远征航行的穆斯林马欢所著《瀛涯胜览》,记载了攻打以旧港(苏门答腊的巴邻旁)为据点的中国"海盗"陈祖义的事情,烧毁陈祖义船舶十艘,并将陈祖义等押送回中国服刑。在巴邻旁,陈祖义与梁道明两股中国人海洋势力形成对立,郑和驱逐了一方,以确保朝贡体制稳定发展。在那之后,与梁道明有密切关系的施进卿的事业,由他的女儿继承。在施氏一族与琉球之间,以向中国朝贡为名目秘密进行贸易活动。

在琉球,还遗留着从明代开始到清代收录外交文书的《历代宝案》这一史料(因关东大地震和第二次世界大战,实物已消失,但写本还保留着)。该史料在探寻亚洲海域史方面,包含着珍贵的情报。例如,该史料收录了与巴邻旁交流的从 1428 年到 1440 年的十二通书简。下面介绍其中一通书简的内容:

> 三佛齐国宝林邦桩次本头娘,稽首再拜。即日孟春。谨时,伏惟琉球国公卿王相台座谴责,不谓谦仁贬物、答教、佩服厚意、退揆缺然,自宣德五年十二月十一日,受到寄来批信,大胆收受,齐全感谢,钧候兴居多福。仰依大夏帡幪之庇,尚稽胆仰钧庭。……今来人船卖买完备,赶趁风泛,前往处所,草字不专,伏乞顿纳,芯布贰匹,长文节智壹块,顶子壹匹,沉香壹拾斤。

> 宣德六年二月初三日　本头娘再拜奉书①

巴邻旁施氏女儿的书简是寄给琉球宰相王怀机的。王怀机是在琉球任职的中国派去的官员。郑和偶尔使用武力整顿朝贡关系,不仅仅只从外国向明朝派遣朝贡使节,隶属于朝贡体系的国家之间,"大夏",在明朝整顿秩序下,相互派遣使节,监督物产交易的进行。有必要关注使用年号的明朝物品。从巴邻旁送来的物品中,芯布在《岛夷志略》的"朋加剌"(孟加拉)条可见,而且,在《瀛涯胜览》的"榜葛剌国"(孟加拉)条中写作"荜布"。芯布被认为是一种薄棉布,并非巴邻旁所产,可能是经巴邻旁运送到琉球的。

这种朝贡体制,在 16 世纪开始动摇。其中一个原因,尽管在中国国内受到王朝控制,但是使用白银的经济开始复兴。这是因为,与蒙古帝国时期

---

① 《历代宝案》卷四三。

相比,明代因为缩小了经济规模,所以预想运用既存的白银量,可以充分进行经济循环。但是,一直这样,若白银没有追加的话,经济终究会失速。当时,大量的白银开始重新从国外流入中国。

16世纪前半期,在日本发现了石见银山,之后不久,南非的波托西银山也开始被挖掘。日本的银从博多等地输出,南非的银由西班牙人带到马尼拉,大量的银开始流入海域亚洲。因为追加了大量的银,受银支配的明朝经济急速发展。但是,在朝贡体制下,因为限制与国外交易,所以出现了私密贸易商人。在明朝打压下,发生了海商武装抢劫沿海地区的掠夺行为。这就是后述的倭寇问题。倭寇头目之一王直等倭寇领导者,开展了联接日本、中国乃至东南亚的贸易。在交易活动中,当时进出于亚洲的葡萄牙人也加入其中。引人注意的是,王直自称"徽王",欲依赖海上贸易创建政权。王直集团要求明朝缓和海禁,曾试图获得维持地域秩序的职务。

王直所要求的缓和海禁政策,在他去世后实现了一部分。但是,明朝对日本持有戒备心理,因此,将日本排除在互市之外。因此,日本与中国之间的交易,经由东南亚、台湾等地实行。王直所期待的"海洋王国"的构想,被从事海洋交易的人们继承了下来。进入17世纪,福建出身的郑芝龙,以及他的儿子郑成功,掌握了海洋交易,建立了可视之为海洋王国的势力。明朝灭亡后,郑成功一族在台湾进行海上贸易,抵抗清朝。因此,清朝禁止海上交易,强迫沿海居民迁移,接着降服了郑氏政权。

清朝解除海上交易的禁令,承认互市,确立了互市体系。欧美诸国商人,限于广州一个港口进行贸易活动,允许以称作公行的特许商人为中介进行交易,交易有诸多限制。这一时期,在英国爆发了金融革命,形成了多角决算机构。对英国来讲,若与中国实行自由贸易的话,在多角决算机构下,取得中国这一巨大市场,能够有更大发展。清政府禁止英国商人从印度向中国输入鸦片,英国政府借机催促中国开放港口,挑起了鸦片战争。战败的清政府,被迫同意开放港口,废除了公行,动摇了朝贡体制,与海域世界各国之间缔结条约,迈进了国际关系的近代体系。

第四节　东欧亚海域史的时代划分

从交易角度对蒙古帝国之后的海域史进行时代划分,大致如下。

1260 年代至 1380 年代(约 120 年),在蒙古帝国统治下,东欧亚全域使用白银进行交易。马可·波罗经由贯通东西的中央东欧亚丝绸之路到达元大都,回国是从泉州乘坐帆船,经由印度洋回到欧洲。这样长距离的旅行之所以成为可能,是因为在蒙古帝国的统治下,能够保证交易顺利活跃地进行。这一时代的末期,在蒙古王族统治下的云南,出现了一个人物,就是后来远征海域亚洲的宦官郑和。

1380 年代至 1560 年代(约 180 年),朝贡体制完成期。明朝禁止民间交易,当时明朝承认的交易,皆在王朝管理的朝贡体制之下。经常能看到海禁的记载,朝贡体制不仅局限于海外交易,在东欧亚大陆内部以及东北亚之间也适合。背离交易统制的私密贸易,在 15 世纪以降突显,在内陆称之为土木之变(1449 年)、庚戌之变(1550 年),在海域称为嘉靖大倭寇事件。明朝处于“北虏南倭”的状态。

1560 年代至 1680 年代(约 120 年),互市体系形成期。平息大倭寇之后,明朝缓和了海禁,1567 年承认除日本以外的民间交易。到了三年后的 1570 年,明朝与蒙古高原政权俺答汗之间达成和议,马市交易开始稳定实行。海禁的缓和,在支撑东欧亚域圈交易的同时,诞生了强大政权。其中包括日本的织丰政权、东北亚后金政权以及郑芝龙、郑成功以台湾为据点建立的郑氏政权。这些政权,虽然政治立场不同,但是经济上以扩大和明王朝的交易为目的,形成了与明王朝对立的局面。复杂的是,由后金转变而来的清朝满洲政权,到 1644 年明朝灭亡,虽然寻求扩大交易,但是清朝统治中国,满洲民族向中国内部发生了大迁移,失去了与东北亚和中国本部之间的交易。清朝降服了台湾郑氏政权的第二年,也就是 1684 年,承认海外交易,设置海关,加强交易统制。

1680 年代至 1860 年代(约 180 年),互市体系完成期。郑成功建立的郑氏政权,以复兴明朝为政治目的,但作为政权,从后期倭寇到郑芝龙时期,持续与日本间进行交易,该交易以独立势力实行。在东欧亚史中,恐怕是唯一的海域政权。郑成功年仅 37 周岁就去世了,若其菲律宾远征计划得以实现的话,海域世界的历史或许就会被改写也未曾可知。但是,在清朝的迁界令与日本海禁政策的夹击下,郑氏政权失去了立足的根基。

海洋势力消失的海域世界,陆地政权开始控制海域世界。清朝在 1684 年以降,指定了交易港口,西洋人在广东,东南亚在福建,日本在浙江,清朝在这些港口通过特许商人为中介管理交易。在内陆,为遏制俄国的进犯,1689 年,清政府与俄国签订了中国一个条约,即中俄《尼布楚条约》,条约规定了"中俄两国拥有通行许可证的人,允许跨国境往来,进行贸易互市"。

东欧亚史的近代起点,存在很大争议。在教科书中,鸦片战争是中国近代史的起点。但是,战后开港对互市体系基本没有产生影响。担当交易实务的并不是欧美人,依然是中国商人,从欧洲进口的商品,沿着传统的交易路径,按照传统的商业习惯进行交易。在中国国内,产生了称为"买办"的"会说英语的中国人",这些人或可称为欧美商社的雇员,或可称为贸易中介人,或可称为中间人,是获得实际利益的群体。而且,承认不平等条约特权的欧美企业与买办之间的关系,明清时代在中国泛滥的地方官僚、乡绅以及寻求庇护的人之间的关系,具有相同性质。在这种状况下,从第二次鸦片战争到 1911 年的辛亥革命期间,逐渐发生变化。考虑诸多因素,将 1860 年代作为东欧亚史近代的转折点比较妥当。

1860 年代至 1980 年代(约 120 年),华人途径的展开期。此处使用"途径"这一用语,含有多数个体基于亲和的、协力的、安定的信赖关系组成的群体之意。一般用华人网络来称呼,产生于人类学的"网络"的语义,指个体间基于互惠关系建立的关系网,分析华人社会的特点,翻译成"网络"不合适。途径,可指代例如同宗、同乡以及秘密结社之间的群体关系。

互市体系在鸦片战争后,由于《南京条约》(1842 年)的缔结虽然开始发生变化,但是在那之后,并未形成交易的新机构。发生变化的最大契机,是第二次鸦片战争(亚罗号战争)后缔结的《北京条约》(1860 年)。根据该条约,清朝在北京设立了大使馆,第二年,清朝还设立总理各国事务衙门这一行政机关。这样,中国与外国的通商关系便制度化了,而且不得不承认中国人的海外移民身份。18 世纪中叶,中国向东南亚移民的政策已经开始实行,因为清朝正式承认移民,因此,在外中国人、华人之间的途径也制度化了。通过这一途径,从海外向中国国内汇款变得容易,华人、中国人的交易活动活跃起来。欧美商社在亚洲各地包括日本的交易网,中国人也开始进出其中。

英国等欧洲列强的殖民地,表面上处于英国人的统治下,但是担任经济、行政实务的却是华人。此处应该指出的是,同时期印度商人也开始在东欧亚拓展途径。在东欧亚,除了日本和泰国外,大多数地域成为了殖民地或半殖民地。从 1860 年到 1945 年间,亚洲的政治处于殖民地统治之中,实质上拓展了与中国、印度的接续途径。

1949 年以降,社会主义中国为发展国家经济,努力推行华人资金投资政策,但是 1950 年代以降,华侨投资逐渐减少。在"文化大革命"时期,同族结合被认为是封建的残余,拥有海外关系的人遭到迫害。1955 年,中国与印度尼西亚签订了双重国籍协定,对拥有当地国籍的中国系居民(即华人)不再承认中国国籍。这一举措,增强了东南亚华人作为居住地国民的自我意识,因此他们开始脱离中国。这样,第二次世界大战之后的华人途径,不再以中国大陆为中心,而开始在香港和新加坡等地开展。

1980 年代至当前,新华侨网络的展开期。在邓小平提出的改革开放路线指引下,中国成功获得了境外和新加坡等地的华人途径,同时,缓和了国内民众的海外渡航限制。以留学和出国务工为契机而移居海外的新华侨,不再以传统的同宗、同乡途径结合,而是以个体关系移居海外。这种新华侨组成的人与人之间的关系具有流动性,称其为网络比较合适。

新华侨与以前时代的海外渡航者相比,教育水平高。不用说留学生,作为务工人员不法滞留的新华侨,为了到国外也要求具有高知识水平。而且,1997 年香港回归中国前,许多香港人移居到了加拿大、澳大利亚等地。他们与从中国大陆到海外的新华侨时而对立,时而联合,成为传统华人途径与新华侨之间的桥梁。这些华人途径与华人网络的重层关系,逐渐在世界范围扩展,拥有中国思考方式的这些华侨是不可忽视的存在。

以交易为中心的东欧亚史的时代划分,大约 300 年为一个周期,掀起了大波浪。一个周期可分为两个局面。东欧亚交易跨越中国统制扩散的前半期的 120 年间,以及后半期的大约 180 年间,中国政权成功统制了围绕中国的交易,在东欧亚获得了主导权。而且,关注各种时代划分,在包含中国在内的域圈,首先出现了与海域之间关系的变化,数年后出现了与内陆关系的变化。邓小平的改革开放就是其中一例,改革开放最初开始于沿海地域,之后在西部大开发的呼声中,才波及内陆。

开始于 1980 年代的局面,若从维持东欧亚的周期看,可以持续到 180

年后的 2160 年。这一局面,笔者预想中国的主导权会加强。在习近平倡导的"一带一路"构想下,可能成为大波浪中的一个局面。但是,这一预测正确与否,需要 22 世纪的历史学者来判断,而不是现在身处其中的我们。但是,坦言之,若要理解"现在"的中国,300 年的时间跨度是必要的。

第二部

朝
贡
体
制

朝贡体制,是基于儒教思想中礼的理念,以建立国际关系秩序的册封为基础而实行的与异国的交易和遭难者移送等的制度。册封源于中国古代,册封制度的建立是在王莽的新朝时期。研究中国近代经济史的滨下武志,基于礼的秩序,为了分析前近代东亚国际经济,提出了"朝贡体系"这一概念。这一体系,以中国皇帝直接统治官僚的地域为中心,用同心圆构成的圆环集合来描述,各个圆环标注了"中央—地方—土司—藩属—朝贡—互市"这样的名称。这个概念以解释近代以降经济现象为前提,也许满足了足够的要件,但是追溯到明清时代,有许多不切实际的争论。其中之一,互市是土司、藩属实行的经济活动,朝贡除了正式使节与中国皇帝之间交换物资的贸易行为以外,与使节随行的商人所进行的贸易行为也称为"互市"。因此,本书围绕各种制度,将人为建构的制度称为体制,而将自然生成的制度称为体系。明朝人为建构的国际秩序,以礼的理念为运营模式,因此称为朝贡体制。

16世纪,以海洋为媒介的交易在东欧亚广泛开展。安东尼·瑞德(Anthony Reid)将这一时代称为"通商的时代"[①]。该时代的特色是,商人承担远隔地交易,苏木、胡椒、生丝、陶瓷器等奢侈品成为交易对象。瑞德指出,商人与东南亚成立的王权相结合。关于这一点,在中国,皇帝阵营的宦官与专门的海外交易机构形成平行的现象。但是在中国,宦官与皇帝所属的内廷以及官僚所属的外朝是对立机构,对内廷主导的交易持肯定评价的史料很少。16世纪中叶以降,日本所生产的白银经由马尼拉被带到东亚,加之美洲大陆生产的白银,使这一商业活动越发活跃。

许多日本人将向中国朝贡误解为成为中国的属国。而且,现代中国人之中,仍然持有这种误解,他们认为明清时代向中国朝贡的国家就是中国的属国。的确,对于邻国朝鲜、越南这样的朝贡国来说,明朝经常要对其施压。但是,对于远隔海洋不能直接施加压力的海外诸国,也体现了明朝苦心积虑经营的侧面。

明朝的朝贡,与其说是国家间的关系,不如说是君主间的礼仪制度。管辖朝贡的部门是掌管礼仪的"礼部",从这一点可以看出朝贡的性质。与中国皇帝建立如同父亲一样的亲族关系,朱元璋给各个国家的君主授予亲王

---

① 安东尼·瑞德:《东南亚的通商时代,1450—1680》(*Southeast Asia in the Age of Commerce*,1450—1680),纽黑文:耶鲁大学出版社,1988年。

等级(皇子)、群王等级(皇孙),试图建立"四海一家"的秩序。因为并非是国家间的关系,所以有必要取代原来君主的地位,对每一位君主重新授予等级。这称之为册封。册封给予朝贡一方极大的恩典。使节团的随行商人,也可以与中国进行交易。当时世界最高档的奢侈品,如高级绢织物、工艺品等都有可能得到。明朝禁止非朝贡体系中的民间交易,这作为"祖法",成为帝国的基本原则。

作为朝贡给予的恩典的回报,朝贡方的君主有义务实施明朝要求的秩序。在这一原则的基础上,因为仰慕中国皇帝的德行,所以周边君主的朝贡,也选择能够体现德行的东西。其中包含使用中国的历法。

从明朝一方看朝贡体制,已如上所述。但是,从这一时期海域视角看待明朝的朝贡,会产生完全异样的样貌。第三章论述的足利义满,运用"日本国王源道义"这一标识,与海域另一侧的明朝之间实行朝贡贸易。这种朝贡实态,与明朝设定的体制产生乖离。而且,在第四章论述的郑和,在朱棣的授权下,将明朝的朝贡体制扩大到了南海、印度洋,但从实际状况看,郑和具有"哈吉(对完成麦加朝觐的人的尊称)的孙子、儿子"这一标识,并将伊斯兰的影响扩展到其开辟的海域世界。

第三章

足利义满(≠源义满)

第一节　义满的标识

明朝时期,君主作为王朝统治者,要统治国家,受到臣民爱戴,让人民服从。但是 1400 年前后,日本列岛的情形,却与中国的国家形式相去甚远。在中国,王朝的君主按照"姓"的系谱拥有继承权。王朝的更替,君主的"姓"就会改变,即"易姓革命"。但是,日本的天皇没有"姓"。这首先与中国的常识不同。若把将军理解为日本的君主,虽然他维持了国内秩序,但是却没有统一全国人民。虽然说是将军,却无法统治直辖地区以外的人民。

明朝在没有了解日本实情的情况下,15 世纪构建了日明关系。海洋对岸,如遥遥浮现的蜃气楼一般,明朝的日本形象处于不安状态。明朝没有正确地理解日本,利用这种状况,足利义满实现了与明朝的交易。

在日本历史上,足利义满是众所周知的人物,他 1358 年秋出生于京都。他的父亲是征夷大将军足利义诠,母亲是义诠的侧室纪良子。义满出生在征夷大将军的执事伊势

足利义满

贞继的宅邸。南北延伸的东洞院通与东西走向的春日小路(现在丸太町通)交叉处(现在京都御苑西南角附近)就是其宅邸所在地。回顾他的生涯之前,有必要解释与义满相关的标识。例如征夷大将军究竟是何标识等。

对于中国的一般读者来说,正确理解日本史是比较困难的。其中一个理由是,在日本史的叙述中,经常会出现中国史书中的用语。征夷大将军,本来是 8 世纪日本朝廷为统治日本列岛东北部的蝦夷,为统治异民族而给予所派遣的军队指挥官的标识。进入 12 世纪,在以天皇为最高统治者的贵族中,出现了以武力掌握实权的势力。其中一个势力是在平清盛领导下兴起的平氏一族,与平氏一族相抗衡的是源氏一族。被平氏一族打败的源氏一族,以东日本的镰仓为中心建立了政权。源氏一族的首领,从天皇那里获得了征夷大将军的标识。但是,这一标识失去了本来以讨伐异民族为特征的意义,而转变成为所有武士的指挥官。

一般把征夷大将军简称"将军",虽被认为是日本的君主,但实际并非如此。将军归根结底是武士的最高指挥官,其权限波及不到以天皇为中心的朝廷。而且,从武士最高指挥官的立场来看,虽然可以号令全国的武士,但是,却不能直接统治武士所管辖的各地军阀统治下的人民。将军拥有武力,不能无视朝廷,将军只是天皇给予的标识。在这种标识之下组织的政权,日本史称之为"幕府",对中国读者来说,"幕府"这一用语也比较难理解。

幕府这一用语,在中国相当于处理地方行政和军务的官员,在日本历史上,指天皇授予征夷大将军标识的武士所建立的武士统治机构。镰仓幕府、室町幕府、江户幕府虽然出现在了日本历史上,但实际上,这些名称是 19 世纪才确立的,之前的记录并不是以这些名称登场。镰仓与江户相对于天皇所在的首都而言,是地方城市的名称,而室町也只是京都市内的街区名称,完全没有统一性。

时代的划分,表面上与中国史书很相似,采用了中国史书的用语。日本的南北朝时代,不同于中国南北朝并立的状况,日本的南北朝时代,是指皇室系谱分成两个的时期,这一时期是从 1334 年到 1392 年的大约 60 年的时间。日本的战国时代,也与中国古代的战国时代完全不同,是指地方军阀割据的 1467 年开始的大约 150 年的时间。

在日本中学的社会科课,日本人学习了"室町时代的足利义满",但是,出乎意料的是同时代的史料里并未以"足利义满"的名称出现,取而代之的是散见于各种史料的"源义满"的记载。"足利"与"源",若理解这两个标识,有必要确认"姓"与"名字"的区别。

现代日本人，认为姓与名字相同，但是本来两者是不同的。中国人询问日本人："您贵姓？"：例如问笔者的话，回答："上田。"但实际上"上田"是名字，不是姓。我真正的"姓"恐怕不存在。1871 年日本政府出台《名字必称令》，所有日本国民有义务命名名字，但是以前大半数的民众没有姓。只有一部分统治阶级自古以来就有姓，但是 1871 年姓与名字置换了，在这种状况下，产成了姓与名字的混同。

姓（かばね），日语读作"kabane"，在古代是天皇给予的正式标识，姓按照父系系谱被继承下来。父系系谱以姓为原则，也适合女性。也就是说，即使结了婚，女性的姓还保持着娘家父亲的姓。这一原则，是依据中国唐朝的政治社会制度，即所谓的律令制度制定的。日本人在与中国大陆以及朝鲜半岛的政权交涉过程中，在近代以前，按照这种东亚父系原理命名的"姓"是很常见的。

日本具有代表的姓有源、平、藤、橘。用中国史的感觉记述日本史的话，经历了藤氏掌握实权的平安时代，平清盛开拓的平氏时代，镰仓时代的源氏时代，室町时代即后述的源氏时代，而且当时处于日本各地军阀战乱的时期，后来进入织田信长（姓氏是平）掌握实权的平氏时代，德川家康（姓氏是源）开创的领导日本全国武士政权的源氏时代。其中，丰臣秀吉的"丰臣"不是名字，是秀吉自己创造的姓。日本历史上，16 世纪后半期的安土桃山时代，最高权力者是以织田信长和丰臣秀吉为代表的"织丰时代"，其中织田是名字，丰臣是姓，也不是对等的标识。

天皇不赐给臣下姓的话，臣下就没有姓。1867 年，日本出现了天皇"万世一系"的言说，但是天皇的血统是否定了生物统一性的系统。与此不同的是，中国的"易姓革命"，本来没有"姓"就不会成立。从没有姓的政权持续下来这一点来看，说明了其政权的连续性。

"源"这一姓氏，是九世纪嵯峨天皇为自己的子女从皇族分离出来进入臣籍所创造的姓。在那之后，天皇的皇子移到臣籍时，都赐予"源"姓。可以说，源氏是"准皇族"①。

另一方面，足利这一名字，来源于下野国足利庄（现在栃木县足利市庄

---

① 岗野友彦：《源氏与日本国王》（『源氏と日本国王』），东京：讲谈社，2003 年。

园）。据说是属于清和源氏系谱的源义国开发的庄园。源义国的父亲源义家是第一代，源义满是第十二代。

从源义家分出的系谱有新田、山名等，从足利分家独立的系谱有细川、畠山、今川、斯波、涩川、一色等。稍有日本史知识的人只要一看这些姓氏，就知道包含了日本中世史的诸家。若确认同时代的史料，属于这些诸家的人，在正式文书都以"源某"命名。

许多名字，都来源于庄园的名字、地名，以及地形。因此，日本的名字里面，包含许多与土地相关的"山"、"川"、"谷"、"田"、"森"、"林"等。姓是以血缘继承的，名字是按照地缘维系的。日本人结婚的时候一般采用夫妇相同的名字，是为了有居住在同一地点的感觉。绝对不是夫妇同姓。

理解中国海域史重要的一点是，在中国、朝鲜等东中国海域圈，采用正式命名不是用名字，而是使用姓的原则。其他观点是，没有姓的天皇以及皇族，在东中国海域内，没有被看作政治主体。

东中国海域圈使用的义满这一标识，不是指名字"足利"，而是指姓氏"源"。

第二节　源义满生活的时代

作为武士最高指挥官的长男，义满出生之时，中国海域处于何种状况？义满生活的时代，日本扩大了货币经济。为了探求该政策的背景，有必要追溯到 300 年前。

中国的北宋时代，从王安石变法开始，在中国铸造了大量铜钱，用于远隔地交易。13 世纪后半期，蒙古帝国成立，围绕东欧亚全域的交易兴盛起来，只能在中国及周边流通的铜钱，不能用于交易。因此，白银作为等价货币，开始用于交易决算。

进入 14 世纪，蒙古帝国的盟主元朝，为了供给财政而开始使用纸币。元朝末期实行铜钱铸造，对于与纸币竞争的铜钱，政府采取消极政策。在中国国内，铜钱不再流通，失去市场的铜钱从临近中国海的诸地域开始大量流出。

从 1327 年开始，数次渡海到东南亚各地访问的汪太渊，在《岛夷志略》

中
第三章　足利义满（≠源义满）

中记载了中国商人用磁器、绵布等换取苏木、白檀香、胡椒等的交易,其中交易手段是铜钱。在越南北部成立的陈朝,14 世纪据说也开始使用铜钱。日本在这一时期,大量铜钱流入,调整了转向货币经济的条件。

新的经济状况,影响了中国海域居民的生活方式。

13 世纪后半期到 14 世纪前半期,中国海域受到元朝统制。但是,到了 14 世纪中叶,元朝财政摇摇欲坠,无力维持海上秩序。在蒙古帝国统治下,从事海运的一些海民,开始将重心转入从事海盗等活动。海上统治出现了权力的空白期。

在海上秩序薄弱的海域,新势力开始进出。史料记载的称为"倭"的人物开始登场。在黄海东部,沿着海岸线的朝鲜半岛南部的谷仓地带,开始实行从庆尚道、全罗道向高丽首都运输谷物、紬布的漕运。从 1350 年开始发生多起袭击朝鲜半岛,掠夺高丽漕运船,到陆地抢夺居民财物的事件。这就是所谓的倭寇。1358 年,中国史料初次出现了倭寇的记录。巧合的是,就是这一年义满在京都降生了。

回到那个时代,具体看一下日本的状况。

中国历史与日本历史产生共鸣的契机,是 1274 年与 1281 年忽必烈两度的日本进攻。日本史称之为"元寇"。日本列岛的社会,第一次受到来自外部势力的直接侵略。日本社会的根底开始动摇。政治的理由是,对于支撑镰仓政权的武士,没有恩赏,失去了作为武士头领的权威。但是,与此相比,其根源的理由是经济。

以大量铜钱从蒙古帝国统治下的中国流入日本为契机,日本商业开始发达。对于这一新情势,与西日本相比,货币经济渗透迟缓的东国镰仓政权,不能应对。日本的政治轴心,从以关东为中心的东日本,经由濑户内海转移到与中国海域连结的西日本。但是,这一变迁也伴随着混乱的局面。随着政治轴心的西移,出现了试图以天皇为中心的政治势力,另一方面,集结了应对商业发达状况的武士政权的势力。日本进入了南北朝内乱时代。正是在这个时候,将日本海域尽收眼底的政治家诞生了。这就是日本史记载的足利义满这一人物。

义满出生不久,幼名被命名为春王,在刚满百日的 1358 年二月,祖父足利义尊(本名源高氏)因病去世。祖父可以说是掌握中国海域的武士政权的人。以足利义尊的军事为后盾,曾出现以九州为据点的少贰、大友,从经济角度看,从中国流入的大量铜钱是维持其势力不可或缺的经济力量。

元朝统治下,铜钱由中国船带到日本。连结中国与日本的海路,从中国宁波开始经由东中国海到达日本筑紫。筑紫也是与朝鲜半岛的交通要道。铜钱等物产往来的海路,从筑紫经濑户内海到达兵库。当时,淀川河口土砂堆积,船只上行困难,所以,改从西部河流的河口装卸船只货物。这样海路与淀川水系接合。满载中国物产的船只,以京都南部的宽广的巨椋池为目的地。这个巨大的池塘,1930 年因干拓事业而消失。

海路终点京都,足利尊氏出于经济理由认为有维持的必要。为确保天龙寺营造资金,1342 年,以提供铜钱五千贯为条件,足利尊氏允许向元朝统治的中国派遣贸易船。分析天龙寺船的经纬,非常明确地看出,海路是足利义满祖父建立武士政权的支柱。

尊氏去世后,政权由义满的父亲继承。但是,政权基盘薄弱。在义满幼年时期,父亲的政权经常出现危机。与欲建立以天皇为中心的南朝间的战争持续不断,即使是京都武士政权内部,也存在多股对立势力。1361 年,南朝的楠木正义曾一度占领京都,义满不得已到赤松则祐的居城播磨国白旗城避难。

随着父亲的去世,西历 1369 年 2 月 7 日(日本北朝时期应安元年十二月三十日),十一岁的年末,义满就任征夷大将军(按照许多年表,任命征夷大将军是在 1368 年,但是对应公历的话要过一年)。政务由细川赖之管理。

从标识的变迁来看,从 1367 年义满获得标识成为社会人格开始,到 1408 年去世的四十一年间,分为三个时期。

第一时期,在九岁被命名义满后,伴随着获得征夷大将军这一武士头领的官位,晋升朝廷位阶和官位,到被任命为准三后登上顶点的二十六岁(1383 年)的十六年间。这一时期是他在朝廷序列地位不断提高的时期。

第二时期,官位不断辞任到三十八岁出家的十二年间。作为武士头领,这一时期是确立国内政治基盘时期。

第三时期,虽然成为僧人,但是仍处于权威顶点直到去世的十三年间。若将他出生到获得义满这一名字的准备期的九年也算在内的话,可以说他的人生经历了四个阶段。

那么,义满最终希望建立一个什么样的世界呢?其中的一个假说是,他将明朝统治时期的中国货币,经由中国海域和濑户内海带到了京都,不惜财货而勇于提高权威,试图建立基于自我感性的法悦王国。

下面通过一封书简看一下义满的这一构想。

第三节　致明朝皇帝的书简

应永八年五月十三日（1401 年）的京都，梅雨季节雨后初霁的一天，在义满居住的北山第，义满让部下写了这样一通书简。书简开头的内容如下：

日本准三后道义，上书

大明皇帝陛下。日本国开辟以来，无不通聘问于上邦。道义幸秉国钧，海内无虞，特遵往古之规法，而使肥富相副祖阿，通好献方物，金千两、马十匹、薄样千帖、扇百本、屏风三双、铠一领、胴丸一领、剑十腰、刀一柄、砚筥一合、同文台一个。搜寻海岛漂着寄者几许人，还之焉。道义诚惶诚恐，顿首顿首，谨言。

应永八年辛巳五月十三日 ①

该书简所示的历史断面是什么呢？下面对人格标识整理如下。

首先，书简寄出者"日本准三后源道义"这一标识，这究竟是何标识？我们必须要先确定这一点，才能进入后面的内容。

然后探究两个问题。对义满所言"幸秉国钧，海内无虞"的背景，分成义满掌握国内政治实权与排除国内对抗势力的过程，从两方面来进行论述。

按照在书简中的登场顺序，在"海内无虞"这一义满自负状况下，"海岛漂着寄者几许人"被遣送回中国。"几许人"的人们所漂着的"海岛"究竟为何处？这是第四个待探论的问题点。

第五个采用的标识，是作为正史的名字祖阿。这一标识应该是祖阿弥陀佛或者祖阿弥，但是缩写成了"阿祖"。能乐的集大成者观阿弥、世阿弥通称"阿弥"这一人格标识。这个阿弥众或者同朋众是同一标识的一群人格，这与义满是何关系也要明确。

最后一点，该书简的收件人是"大明皇帝陛下"，这一标识，具体指谁？实际上，这一标识所指的人格，在之后日本与中国之间往来的文书中被变更。以这六个事项为焦点，试图确定义满在海域亚洲史的地位。

---

① 田中健夫编：《善邻国宝记·新订续善邻国宝记》（『善隣国宝記·新訂続善隣国宝記』），东京：集英社，1995 年。

致明朝皇帝书简所述"准三后"的标识,是太皇太后、皇太后、皇后这三位的称号,虽然是臣下,但却受到与皇族同等的待遇。该书简记载的"道义",是皈依佛门的标识。

在义满之前,与中国正式进行交易,具有义满这样的意识而开创先例的人物是平清盛。平清盛作为平氏首领,以武士势力为背景,与天皇及摄关家关系密切,官位高。而且出家之后,致力于扩大与中国宋朝的交易。治理博多港,掌握濑户内海航路,扩张作为现在神户港一部分的大轮田泊,1173年,正式与中国缔结国交,贸易兴盛。平氏政权的基盘,大部分是日宋交易带来的利益。平清盛在1180年,接受了准三后的殊荣。准三后以及出家这两个要素,是平清盛遗留下来的,成为获得与中国建立正式交易权的先例。

义满以获得准三后标识为目标的1383年,被认为他具有了对平清盛的清晰意识而采取的行动。然后按照平清盛所走的道路,出家脱离官位以确保自由的立场,扩大与中国的交易,将亚洲海域的窗口筑紫收在自己势力范围内,试图掌握从筑紫到达京都的海路。书简所记载的"准三后道义"这一标识,显示出了义满的意图。

在致明朝皇帝的书简中,道义所自夸的"幸秉国钧,海内无虞",绝不是虚张声势。"幸秉国钧",即到他自满于掌握日本国政治,花费了第一期的16年时间。刚成为征夷大将军的时候,义满还是一位无法掌握政治的少年,国政在义诠去世后直接托付于细川赖之。那时细川四十岁,义满二十九岁,年龄正好相差了一代人。

赖之创造了很多事绩,如营造室町第等。理解将室町作为政务中心的理由,必须要明确中世京都的情形。当时京都的皇族、贵族以及寺院,开始进行商业活动,产生了商家。从濑户内海经过连结淀川水系的海路,带到西日本、中国大陆及朝鲜半岛的物产,在京都南部的下京集散。用中国铜钱进行交易的商家也集中在下京。

另一方面,以皇居为中心的公家所在地在京都北部的上京。连结经济与政治分离的区域的道路叫做室町通,而室町第是那里的要塞。

在义满达到幸秉国钧的过程中,二十一岁他被任命为右近卫大将具有重大意义。这一官职是朝廷为贵族社会的武官所设置的最高官位,源赖朝曾任此官位。近卫大将以宫廷、天皇为中心从事各种活动,担当重要职务,不仅要有行使职务的知识,还必须具备能够举行仪式的身体素质。若不掌握公家的行事方法,则无法胜任此职。源赖朝被任命为右近卫大将成为官位最高的官员,获得最高权威,只任职四天,因为他回避担当实务。义满的祖父高氏,父亲义诠,曾成为权大纳言,但是却没有成为右近卫大将。

掌握贵族作法的义满,在那之后登上官位,三十七岁之时担任太政大臣。但是,只在其位任职六个月。担任此官职的理由,也被认为是效法平清盛。清盛也是在 1167 年(仁安二年)任官仅三个月后就辞去了太政大臣职务。

第四节 "海内无虞"

书简所记"海内",具有国内或者天下的意思,是古代《孟子》等所使用的语言。的确,该书简记录的时间点,国内朝廷的分裂得到控制,1392 年,象征南朝天皇权威的神器被移到京都,实现了南北朝的统一,出现了"国内无忧"的局势。但是,义满书简所记"海内",从书简的文脉来看,是为了不妨碍与中国的交流才这样表达。用现在的话来表达的话,应该是"确保中国与日本之间海路的安全"。虽说不切实际,但是有必要对书简所记录的"海内"状况大致了解一下。

义满生活的时代,是海路的激荡期。他在被任命为征夷大将军的前一年,1368 年 1 月 23 日(元朝至正二十八年正月四日),朱元璋在南京称帝,定国号"大明",年号"洪武"。如前述,朱元璋所创建的帝国,禁止民间与外国进行交易,采用由帝国直接管理的制度,即朝贡体制。

另一方面,以中国为中心的海域世界,1350 年,发生了动摇元朝根基的红巾军叛乱,同时,黄海以及东中国海的制海力低下,称之为倭寇的海盗跋扈。刚刚建立海上势力的明朝,惧怕乱党与海上势力勾结,于是,朱元璋下令实施严格的海禁政策。

海禁与朝贡这两项政策是互为表里的关系。明朝皇帝为维持达到顶点的朝贡秩序,有必要严厉取缔体制之外的私密贸易。海禁作为明朝"祖法",作为帝国根基的基本政策具有一定地位。对于海域世界的陆上政权,朱元璋呼吁他们向明朝朝贡。关于这方面的全面情况,可参阅拙著《海与帝国》。

在此,笔者仅以与日本的关系为焦点进行论述①。

明代基本史料《明实录》虽然没有记载,但是,在朱元璋建立明朝的当年十一月,曾向日本派遣使节。但是使节在途中遇到事故,没能到达日本。

翌年的 1369 年,他曾再次向日本派遣使节。这时在给日本国王的诏书里,"近来山东上奏,倭兵屡犯海滨,诱拐人妻,破坏杀戮"②,记载了海上势力袭击山东半岛周边的情况,并威吓日本,指出日本国王若放任这种掠夺情况不顾的话,明朝舰队将镇压海上势力,渡海到日本并逮捕日本国王。当时的明朝,没有驱逐海上势力的实力,这种强压性的文章,被认为是朱元璋立威的体现。

1369 年,明朝派遣的使节,面见了九州的大宰相,九州一直是日本对中国开放的窗口。当时,担任九州大宰相的是南朝具有征西将军标识的怀良亲王,与义满是对立的势力。

怀良亲王看到朱元璋强压性的文章很气愤,于是斩了使者,拘禁了正使等人,后来又将其释放。尽管遭到如此待遇,明朝在翌年的 1370 年,再度派遣使节到日本。面对这次派遣来的明朝使节,怀良亲王于 1371 年,派遣僧祖向明朝提交了表文,敬供了方物,返还了被倭寇诱拐的男女七十余人。对于这些最初的日本使节,《明实录》洪武四年十月癸巳条记载了"日本国王良怀"。从前后经纬看来,这里记载的良怀,无疑就是怀良亲王。

"良怀"派出的使节到达南京,明朝认为这是正式朝贡,于翌年 1372 年(洪武五年)派遣使节到日本。但是,使节到达筑紫时,怀良亲王的势力受到来自于义满阵营的细川赖之派遣的九州探题今川贞世的攻击,使者也遭到了攻击,一时无法应对。不久,怀良亲王放弃了大宰相职位。明朝使节失去了将皇帝诏书交给对方的机会。这些使节后来如何,从义满致明朝皇帝的书简中可见其经纬,后续会继续介绍。

从中国大陆与朝鲜半岛到达日本的筑紫,经濑户内海达到京都。欲控制这条海路,掌握筑紫是必要的。义满在征夷大将军时期,控制筑紫的是南朝的怀良亲王。另一方面,明朝承认了日本国王"良怀"这一标识。

先行研究将"良怀=怀良",并未探究出新问题。但是,本书站在从标识

---

① 佐久间重男:《日明关系史研究》(『日明関係史の研究』),东京:吉川弘文馆,1992年。

② 《明实录》洪武二年二月辛未。

论述人格的立场进行分析,必须将这两个标识区分对待。即"良怀≠怀良",这两个标识有用不等号连结的必要。"良怀"这一标识,也许只是明朝的误记。1372 年,怀良被驱逐出筑紫,离开了海路。这种状况不仅局限于日本,据中国史料记载,带有"日本国王良怀"这一标识的使节,分别于 1376 年(洪武九年)、1379 年(洪武十二年)、1381 年(洪武十四年)、1386 年(洪武十九年),十五年间先后四次到达明朝。问题是"良怀"这一标识最初是怀良派遣的使节使用的,还是明朝的使节使用的呢?

从阅读明朝洪武时期史料的经验来说,明朝接待外国使节的行政机关是礼部,不太可能将正规的,而且是用汉字记载的国王名字误记。若不是明朝误记,日本使用"良怀"这一标识的可能性最大。怀良只是独立政权,实际上是南朝天皇任命的征西将军。作为九州的一位将军,自称日本国王是要犹豫的吧。

下面只是其中的一个推测。

在"良怀"这一标识登场之前,怀良的继承者良成亲王从四国达到筑紫。怀良与良成两个名字合在一起就成为了"良怀"这一标识。在东中国海域圈的政治交涉中,存在着使用姓氏的原则。但是,皇族的怀良没有姓。也就是说,没有姓氏的怀良为了让重视姓氏的东中国海域圈方便理解,使用了"良"这个疑似姓氏的字。这样的话,良成继承征西将军怀良之时,中国方面也容易理解。"良怀"因为并非是与实体人格相连接的标识,所以,怀良亲王等南朝势力从筑紫退出后,九州势力派遣使节到达中国之时,仍然在使用这一标识。

早于义满与东中国海域圈建立关系的势力之一是大内义弘。1396 年,义弘以"日本国左权大夫·多多良义弘"为标识向朝鲜派遣使节。1399 年有如下记录:

> 日本左京大夫六州牧义弘伐九州克之,遣使来献方物,且言其功。上欲赐义弘土田,以签书中枢院事权近及谏官之议乃止。义弘请云:"我是百济之后也。日本国人不知吾之世系与吾姓氏,请具书赐之。"又请百济土田。[1]

此记载是否为历史事实应该没有确认,但是大内氏的祖先可以说是百

---

[1] 《朝鲜王朝实录》定宗元年己卯七月戊寅。

济的琳圣太子,611 年住在周防的多多良。多多良这一姓氏是圣德太子所赐(《大内多多良氏谱牒》)。按照皇族赐姓的原则,可以解释其来源。但是,这只不过是传承。为了确定义弘与朝鲜的关系,需要朝鲜方面承认。朝鲜虽然没有赐予土地,但是在那之后,大内与朝鲜之间的交易开展了起来。

当时,大内义弘控制从筑紫到濑户内海的要所,欲掌控海路。义满屡次召见义弘,义弘畏惧被罢免。1399 年(应永六年)十月十三日,他率兵攻入和泉堺,建筑城郭彻底抗战。并连携东国镰仓的势力,欲东西夹击义满。但是,没想到义满采取火攻,同年十二月二十一日义弘战死。

义满与义弘的决战,给海路带来了影响。义弘进入堺一个多月之后,有七艘倭船到达朝鲜,发生了向朝鲜王朝诚意投降的事件。

> 倭船七艘,至西北面宣州请降,遣降倭仇陆,藤昆招谕之,仍赐陆鞍马衣冠。初,倭寇侵掠大明沿海之地,以及我丰海道西北面等处。及闻其六州牧高义弘起兵击奸三岛之为贼者,恐祸及己,遂乞降。(《朝鲜王朝实录》定宗元年己卯十一月甲戌の条)

“三岛”被认为是朝鲜倭寇的根据地,指对马、壹岐、松浦。从这一事件可推测,义弘抱有以下构想,即掌握从朝鲜半岛到筑紫经过濑户内海到达堺的海路,控制倭寇恢复治安,以此向东中国海域圈宣布独占贸易的远大构想。

义满致明朝皇帝的书简中,写着“搜寻海岛漂着寄者几许人,还之焉”。漂流的几许人,实际上是被倭寇逮捕的中国沿海地域的居民,逮捕居民是为了将他们贩卖到别处。

“海岛”在哪里无法确定。《朝鲜王朝实录》中散见着对马、壹岐的领主返还倭寇的俘虏,以获得跟朝鲜的交易的记录。从海域位置推断,在对马、壹岐,有许多在朝鲜半岛被逮捕的人。义满返还的中国居民,在倭寇根据地的“三岛”中,松浦的可能性最大。

松浦是九州西北部的沿海地域,包括从现在佐贺县的东松浦郡、西松浦郡到长崎县南松浦郡、北松浦郡的地域,以及五岛列岛、平户岛等大小多个岛屿、海湾,以及岬等[1]。面向海洋的里,背后是陡峭急峻的山,左右被积聚

---

① 白水治:《西海武士团·松浦党——青方文书所见相克之样相》,《海与列岛文化第四卷》(「西の海の武士団・松浦党－青方文書にみる相剋の様相－」『海と列岛文化 第四巻』),东京:小学馆,1992 年。

岩石的岬隔开。这里的人们从古代开始,就以山上狩猎、烧畑、山丘牧马、海里捕鱼为生计。这里没有平坦的土地,谷类不足,需要从外部购买。另外,袭击往来船只的海盗,也是他们的一个生计。各浦的小领主组成了号称松浦党的网络。他们不是由本部统率分部的垂直的"支配—从属"关系,而是适应必要行为的水平的"集合—离散"关系。

进入 14 世纪,松浦发生了变化。以中国铜钱的流入为契机,物产开始迅速扩大流动。以前各个里的必要生活物产不足。但是,随着经济系统的变化,海产物向外面输出,又从外面进口衣料、谷物等产品。为了扩大渔业自给自足的规模,各浦的松浦党小领主间的合作是不可欠缺的。为了争夺渔场,也要求提携关系。于是迫于需要,在平等关系中,逐渐产生了内部核心。

虽然史料未记载,但是因为松浦党间产生了合作机制,他们组织数十艘,有时超过数百艘船团袭击朝鲜、中国沿海的这种倭寇活动是可能的。如果只凭借一个浦,无法进行如此大规模的倭寇活动。倭寇还捕虏半岛和大陆居民进行贩卖。

结束南北朝混乱局面的义满,将大内义弘逐步排除掉的义满,将倭寇俘虏的人夺了回来。被派遣到明朝的使节,他们恐怕是经历了在九州惨烈的经验,于是才搭乘大陆居民的海洋船,横渡东中国海去中国。

第五节　朝贡的实态

探讨义满与明朝如何缔结朝贡关系,可进入问题的核心。首先重新审视一下义满致明朝皇帝书简的寄出原委。

如前述,南朝的征西大将军怀良,在 1372 年(洪武五年)派遣使节到明朝。但是,从明朝派来的带着回信的使节到达筑紫的时候,怀良势力受到九州探题今川贞世的攻击,没有多久,怀良亲王就放弃了大宰府。明朝使节在筑紫大约逗留了一年时间。为了摆脱当时的状况,使节凭借天台宗僧侣的关系,寄信给京都的天台座主(天台宗诸末寺总监比叡山延历寺僧侣长),依靠京都征夷大将军方面的中间人稍信。

义满看到天台座主呈上的明朝使节的信件后,派遣急使前往九州,在京都召见了明朝使节。那是 1373 年的夏季。明朝使节于当年秋季返回到筑紫,翌年的 1374 年初夏终于完成任务回国。

继这个使节之后,1374 年(洪武七年)夏季,义满派遣的使节到达中国。因为该使节没有携带朝贡申请表文,所以朱元璋没有接受朝贡,赏赐了一点礼品让其回国。

义满于数年后的 1380 年,再度派遣使节到中国,《明实录》洪武十三年九月甲午条有这方面记载。该使节虽然带来了方物,但是没有表文,只有《征夷将军源义满献明朝丞相书》。朱元璋固守没有向明朝皇帝朝贡的表文就不接受朝贡的原则,再次拒绝了使节的纳贡。

当时的朱元璋,面对官僚腐败等状况,惧怕自己创立的王朝根基遭到腐蚀。义满第二次派遣使节到达明朝的洪武十三年(1380 年)年初,明朝实行广为人知的胡惟庸狱的大肃清。当时的朱元璋,固执于既定理念,越来越受制于乖离现实的原则。向明朝正式朝贡的义满的计划,并没有得到这位晚年孤独的独裁者的接受。

洪武三十一年(1398 年)闰五月,朱元璋七十一年的人生结束了。继承皇位的是朱元璋嫡长子的遗子朱允炆,即建文帝。在皇权交替之际,义满认为陷于胶着状态的明朝也许会接受正式朝贡,于是应永八年五月十三日(中国年号建文三年)的书简,就在这个背景下制作了出来。

书简所致的朱允炆是明朝创建者嫡子的儿子,即朱元璋皇孙。他即位之后,认为中国各地的叔父(朱元璋儿子)势力是皇位最大的威胁。特别是四皇叔朱棣,拥有很大势力。朱元璋去世后,在南京继承皇位的朱允炆,为了确立自己的独裁权,逐渐削减中国各地叔父的力量,首先排除的是最具威胁性的朱棣的势力。但是,因为皇帝一方的疏忽,产生了极其有利于朱棣的状况。

1399 年,朱棣反击,爆发了历史上著名的"靖难之役"的政变。皇帝一方虽然军队规模占优势,但是欠缺能够领军的大将。朱元璋因为疑心,将有才能的人物都肃清除掉了。而且,皇帝一方的内部情报被朱棣掌握,因而分出了胜败。在朱棣的统治下,有一位云南省穆斯林家庭出生的宦官。这位宦官才能出众,从南京宫廷皇帝一方的宦官那里得到了许多内部情报,在作战中发挥了作用。这位宦官就是第四章的主人公郑和。

义满的书简到达南京之时,明朝皇帝已被朱棣驱逐。

对于朱允炆皇帝的业绩,甚至其建文年号,都被胜利者朱棣彻底抹杀,所以留下许多不明之处。义满派遣的使节,何时到达南京,如何与皇帝接触的,没有留下任何记录。

现在留下的唯一线索是建文四年(1402 年)二月初六日的诏书:

奉天承运

皇帝诏曰,覆载之间,土地之广,不可以数计。古圣人疆而理之,于出贡赋力役,知礼仪,达于君臣父子大伦者,号曰中国。而中国之外、有能慕义而来王者,未尝不予而进之。非有他也,所以率天下,同归于善道也。朕自嗣大位,四夷君长朝献者,以十百计。苟非戾于大义,皆思以礼抚柔之。兹尔日本国王源道义,心存王室,怀爱君之诚,踰越波涛,遣使来朝,归遗流人,贡宝刀、骏马、甲胄、纸砚、副以良金。朕甚嘉焉。日本素称诗书国,常在朕心。第军国事殷,未暇存问。今王能慕礼义,且欲为国敌忾,非笃于君臣之道,畴克臻兹。今遣使者道彝①、一如②、班示大统历,俾奉正朔,赐锦绮二十四,至可领也。呜呼! 天无常心,惟敬是怀,君无常好,惟忠是绥。朕都江东,于海外国,惟王为最近。王其悉朕心,尽乃心,思恭思顺,以笃大伦,毋容逋逃,毋纵奸宄,俾天下以日本为忠义之邦,则可名于永世矣。王其敬之,以贻子孙之福。故兹招谕,宜体眷怀。

建文四年二月初六日③

冒头以诏书形式开始,接着运用"奉天承运,皇帝诏曰"这种诏书或者任命的文言,在概述了中国的历史与对外关系之后,对义满提交的文书进行了答复。朱允炆在回复书简中,以欢迎义满朝贡的文言开始。该文章看不出皇帝的威严。然后开始赞美日本是能够理解中国儒教的国家,"第军国事殷",所以未暇存问。将自己受到叔父朱棣驱逐之事,吐露无遗。这一诏书以一贯的态度,将日本定位为忠义之邦,并表示若可以的话,希望获得日本的支援。撰写诏书之时,南京朱允炆逐渐处于劣势,可以推测出他试图抓住日本这一救命稻草的心境。

需要注意义满的书简与明朝诏书所记标识。"日本国王"这一标识初次

---

① 天伦道彝。
② 一菴一如。
③ 田中健夫编:《善邻国宝记·新订续善邻国宝记》(『善隣国宝記·新訂続善隣国宝記』),东京:集英社,1995 年。

登场的文书,不是义满的书简而是明朝诏书。海外国家的国王特意前来朝贡,是皇帝权威提高的体现。从"四夷君长朝献者,以十百计"这一文言可以看出,皇帝朱允炆虽然已经丧失统治国家的能力,但是比起国家来,欲抓住广阔"天下"的权威之心清晰可见。

该诏书发出数月后的建文四年六月,朱棣大军攻陷南京。在宫殿并未发现朱允炆尸体,据说皇帝逃出南京,在异民族首长的帮助下逃到了海外。

应永九年七月四日,第一报被带到了京都。据说义满派遣到明朝的使者祖阿弥,陪同明朝的使节到达了筑紫。

义满一定对这一消息感到惊喜。义满一方面命令为迎接使节做准备,另一方面,在八月三日,义满本人携宠姬赶赴兵库,八月五日,义满亲眼目睹了明朝的外洋船靠岸的情形。明朝使节八月十一日,居住在了与皇室有着深厚渊源的仁和寺、法住寺。在寺院门口有兵士把守,禁止明朝使节随便进入京都市街,隔绝了使节与外部的接触,使节处于软禁状态。在九月五日,义满在北山第接受了明朝皇帝的诏书。

关于仪式的情形,壬生家所藏《宋朝僧捧返牒记》(现在宫内厅书陵部所藏)有详细记载①。壬生家是从平安时代开始掌管记录的家族,担任弁官局"官务"一职,因此被称作官务家。也许这时壬生家的当主壬生兼治,作为职务责任而保存了该记录。以这一珍贵记录为中心,可以回溯到那个时代,义满迎接明朝使节的仪式情景历历在目。

那天晴空万里。明朝使节二人到达北山第之时,内大臣、左大将等公卿穿着华丽的服饰等待在那里,乐师奏起音乐,义满本人走出四角门(迎接高贵客人时使用的大门)迎接使节。义满穿着紫色的法服,外披白地镶金的平袈裟。

未时(上午十点左右),随着高呼声仪式开始。明朝使节排成两列,向着北山第寝殿(大广间)步行前进。领头的是"通事"(翻译)两人,其中一人是义满派遣到明朝的祖阿弥。他们坐车轿子作先导。接着是日本相国寺、建仁寺的僧侣,乘坐轿子的明朝使者的随从,手持诏书。接着是中国的使者道彝、一如。行者、法师等手持锡杖紧随其后。

---

① 石田实洋、桥本雄:《壬生家旧藏书〈宋朝僧捧返牒记〉的基础考察——以足利义满的受封仪式为中心》(「壬生家旧藏書『宋朝僧捧返牒記』の基礎的考察ー足利義滿の受封儀礼をめぐってー」),《古文书研究》第 69 号,2010 年。

日方参加仪式的有公卿①十名,殿上人②十二名,圣护院、净土寺等僧正十名。该仪式未见武士要人、京都五山禅僧的身影。这些公卿、僧侣的成员,都是义满阵营中的人。伴随明朝使节的队列,从四角门开始,在殿上人与公卿的陪伴下静静前行,向北御所寝殿中庭的中门行进。

中门从东侧向西侧进入,僧侣们在四周列队排列。使节一行进入中庭,一齐蹲坐。义满的贴身侍从元服前的四名上童③,从寝殿下来,为了与使节相向,在庭院的西侧面东而立。明朝使节转向北面,抬头望着寝殿方向。跟随使节一行的公卿、殿上人也接着进入中庭。

没过多久,义满的轿子从寝殿西侧进入,透过格子窗清晰可见,侍从将准备好的鞋为他穿上,义满从中庭下来向明朝使节双手合十行礼,首先他自己走到殿上,坐在了座北面南的椅子上,然后请使节坐下。使节二人从南面对着义满。僧侣手捧明朝皇帝的国书升殿。义满低头行礼收下国书,置于前面的书桌上。接着使节将明朝皇帝的进物摆放在了义满面前,放置完毕后,两位使节向义满行礼。然后,回到使节的椅子上坐下。

仪式继续进行,最后义满下来走到庭院,目送使节离去,仪式结束。

详细分析这个仪式,义满与明朝使节之间的序列清晰表现了出来。东亚世界的仪礼空间,高低、方位被赋予了意义。座北面南是序列的上位。

有"君子面南"这句话。义满应该不知道座北面南这一最高序列的原则。按照明朝的规定,携带皇帝国书的使节,作为皇帝的代理人居于上位。忠实的朝鲜和琉球,遵循这一原则,与国王相比,使节与国书安置在北面,国王从南面跪拜。

义满在仪式上,自己坐在座北朝南的椅子上,明朝使节从南面面北而立,举行接受国书的仪式。这明显超越了明朝的规定,与使节和中国皇帝的国书相比,自己居于上位的位置了。

而且,按照明朝的规定,使节作为皇帝代理展开国书,念给即将册封的国王听。义满无视这个规定,存在着自己双手接过国书的可能性。这也是异例。

明朝使节不得不接受这样的礼仪的理由,是因为在他们离开中国之时,

①　根据日本律令的规定,作为太政官的最高干部担任国政的职位。

②　指在天皇日常生活的场所清凉殿,允许升殿的人。

③　元服前的公卿之子,因在宫中练习仪礼,经特别允许到殿上侍奉的人。

皇帝已经受到朱棣的攻击,并且处于劣势。无论如何为了获得日本的支援,都会接受日本国王这一标识,或许使节受到了皇帝的叮嘱。

他们在义满作为高位的仪式中,成为成员。仪式举行之时,南京政权已经瓦解。这一情报当时尚未传到日本。

从明朝皇帝获得了"日本国王"的标识,义满迅速活用这一标识,探索正式开展与中国的交易。这时,在中国,朱棣威胁南京皇帝的事情传到了日本,但是最终结果并不明了。因此,义满准备了两份表文,一封致南京的皇帝,另一封写给了很有可能做皇帝的朱棣,派遣使节送到了明朝。与以前的书简不同,这个文案由在中国居住过的禅僧绝海中津起草,担任使节的是临济宗禅僧坚中圭密。

表文的开头写道:

日本国王,臣,源道义,表。

结尾写道:

为此,谨具表,闻,臣·源道义。

年号处是空栏,应该是为了到达当地之后,填写明朝年号所做的准备。

很明显与前述书简的风格不同。与正式表文相比,本章开头介绍的义满书简,并不是国书,可以理解为相当于私信的东西。

对于这一表文,在靖难之役中取得胜利的皇帝朱棣,急忙准备了制书让勅使携带,与日本遣明使节共同归国。中国勅使与日本使节乘坐的中国船,1404 年(应永十一年)四月在兵库靠岸,义满本人前来观看当时的情景。对他来说,定会产生多年夙愿终于达成的瞬间激动的喜悦。勅使携带来了冠服以及龟钮金印"日本国王之印"。

冠服与印章,在东亚序列关系中,是非常明显的标识。勅使所携带的冠,镶嵌着九颗玉石[1]。这是与皇帝的儿子,也就是与亲王同等的待遇。

明朝授予朝鲜国王的"朝鲜国王之印"也是龟钮金印。可以看出,中国对于日本国王与朝鲜国王待遇是同等级别的。在东亚世界中,对中国来说具有优等生姿势的朝鲜王朝,取得该印章也费了一番周折。

建立朝鲜王朝的李成桂,向明朝返还了高丽印章,期待通过"易姓革命"

---

① 琉球国王,与皇帝之孙(群王)同等,镶嵌着七列并排的玉饰。有趣的是,中国的统治者从明朝到清朝后不久,琉球国王的冠就变成了九列玉饰。并非汉民族的满清,继承中国的冠的规范,琉球国王的序列也跟着提高了。

建立的新王朝,赐予新的印章。但是,朝鲜王朝在朱元璋做皇帝时期,并未受到册封。授予印章并册封是在朝鲜王朝第三代李芳远时期。以册封义满相同,是刚做了皇帝的朱棣册封的朝鲜王朝。可见,费尽周折与明朝建立正式关系的不仅只有义满。

第一次明朝使节归国之际,义满派遣遣明使节与之同行,并将抓获的二十人倭寇头目护送回明朝。义满为了削弱松浦等九州领主的势力,采取这样的处置是可能的。朱棣对义满的行为非常满意,1404 年(永乐二年),将带有永乐年号的勘合百通赐给了义满。

按照当时的规定,十年一次的朝贡,包括正使、副使在内要求朝贡使节在二百人以下,一旦不遵守日期,或超过了人数,或携带了刀、枪等武器,中国将不接受朝贡,虽然有这样严格的规定,但是这种勘合是义满所期望的。该勘合,携带了第二次的明朝使节,到了日本。

翌年的 1405 年(应永十二年)明朝使节到达日本,携带的敕书写道:

> 能遵奉遵朝命,禁止壹岐、对马、诸岛之人,不为海滨之害,用心勤至。

明朝皇帝一贯要求的事情是禁止倭寇活动。这里所说的诸岛,具体应该指松浦的诸势力。同样,表彰义满禁止倭寇活动的语言,在第三次、第四次明朝使节带来的敕书中也可看到。

第六节　朝贡贸易

如本章开头所述,明朝的朝贡体制,并不是国与国之间的关系,而是中国皇帝与朝贡国君主之间的礼仪关系。朝贡随之进行交易,并不是国家间贸易,而是皇帝与君主之间私人的赠答方式。

担任朝贡贸易的人,在明朝并不是官僚,而是从属于皇帝个人的宦官。为了朝贡贸易在港口设置的市舶司,大多数人员是宦官。另一方面,义满方面从事贸易的并不是武士政权的人员,而是有"阿弥"号的被称作同朋众的一群人。朝贡贸易,无论是中国还是朝贡国,都由从属于君主的内部人员担任。

义满致明朝皇帝的书简中,遣明使节的正使是祖阿弥,副使是肥富。派遣这两位去明朝的事情,翌年的 1402 年(应永九年)八月,记载的从明朝返回的船只,也可看到关于这两人的记录,很明显他们是回来向义满复命的。

关于正使祖阿弥,几乎没有遗留的情报。在《宋朝僧捧返牒记》中,祖阿弥被记载为"通事"。在理解中国与日本之间的事情上,发挥了中介的作用。

关于祖阿弥的另一个线索,是"阿弥"这一标识。从阿弥号来认识祖阿弥,可推断是义满阵营的同朋众之一。按照村井氏的研究,从同朋众来看文化史的侧面,可以认识他们的存在意义[①]。

"阿弥"号是一遍在创始时宗时使用的命号"阿弥佛陀"的略写,拥有这一标识的是僧侣。在史料中,例如与义满致明朝皇帝书简里所写的"祖阿"一样,记载为"□阿"的情况很多。在同时代的史料里,也称为"遁世者"。

镰仓最末期的战乱时期,时宗的僧侣作为从军僧侣跟随军队,为战死者念佛祈求冥福。武将也让他们同行。在南北朝内乱时期,时宗的僧侣也为军队助阵。武士与遁世者之间关系的开端就是在这样的战场。

遁世者根据需要,发挥所长。遁世者利用医术的心得治疗战场上的伤员。用文艺的心得,根据武将的需求,开展和歌、连歌等活动。到了义满的时代,拥有这些才情侍奉将军的一群人诞生了,这些人被称作同朋众。

村井氏论述了文艺、艺能史中具有阿弥号的人。但是,政治、经济文脉中,也散见着拥有"阿弥"的标识的人,尚未被整理。

第二次从明朝派来的使节,在应永十二年七月归国之时,义满派遣叫做金阿弥的同朋众到明朝。第三次明朝使节,也就是翌年的 1406 年(应永十三年)五月,使节船只在兵库靠岸,稍晚一些的六月到达赤间关(现在山口县下关)的"宫丸唐船",就是金阿弥乘坐的船只,为义满带回来了巨大的财宝。

关于这一情报,流传下来的《教言卿记》记载:"昨天傍晚,与金阿弥乘坐的船取得了联络。据说将其存放在北山殿(≠义满)御仓(设置在兵库港的仓库)内的是士阿弥,他是多阿弥弟弟。"

金阿弥的名字在《教言卿记》应永十三年四月二十一日条,记载着"墨绘的遁世者,金阿弥的住所在一条乌丸",可见他具有鉴定从中国传来的墨绘的眼力。

从中国获得正式勘合,义满的交易活动开展得很活跃,担当交易任务的

---

① 村井康彦:《武人文化与同朋众》(『武人文化と同朋衆』),京都:三一书房,1991 年。

金阿弥，与五年前为义满向明朝皇帝送书简的祖阿弥一样，具有阿弥号，因此可以推断，金阿弥也是同朋众成员。

第七节　义满的构想

与中国交易获得的财富，义满用于做什么呢？

其中一项是献给极其贫穷的天皇御所，用于提高义满自身的权威。但是，义满所倾注的事业，是按照自身的美意识再构建一个属于自己的世界。

从准备好致明朝皇帝书简的应永八年上溯四年，也就是 1397 年（应永四年），在位于京都西北山麓的广阔区域，义满的北山第开始建设了。①

金阁寺

当时，对西园寺家别墅的建筑物进行整修和再利用，邸宅的基盘呈现了出来，众所周知的金阁寺的舍利殿的完成是在开始兴建的两年后，也就是应永六年，在那里进行政务是在应永八年。

① 　早岛大祐：《室町幕府论》（『室町幕府論』），东京：讲谈社，2010 年。

在开拓了与明朝正式交易道路的同时，义满再次开始建造北山第。应永十年，义满决定在北山第再建造相国寺大塔，于是，翌年正月，相国寺大塔的地基设置在了北山第的土地上。相国寺大塔完成时是一座高三百六十丈（约一百一十米）的七重塔。配合大塔建设的第二期工程，是对义满独自仪式空间的北御所寝殿的改建，该工程于应永十四年（1407 年）六月竣工。

应永十五年（1408 年），在樱花烂漫的三月八日至二十八日的二十天，举行了可以说是义满事业集大成的活动。为迎接后小松天皇，这里举行了赏花大宴会。北山第是按照义满的审美意识而兴建①。据说这里装饰了河图洛书等，摆放了龙和龟的雕像，反映了中国吉祥的特征。根据中国的传承，将从黄河显现出的龙马背的文样称作河图，从洛水呈现出的龟背文样叫做洛书。义满将通过与中国交易得到的美术工艺品，装饰在了每一个要所。

宴会第一天的八日，在对面座位上的是义满的儿子，未成年的义嗣从天皇那里接受了赐杯，手里拿着笏跳起了舞。这次宴会的一个目的，很明显是将作为继承者的义嗣介绍给公家社会。但是，若只为此举的话，宴会没有必要持续二十天。在宴会进行的过程中，义满的审美意识逐渐展示了出来。

十日猿乐道阿弥的舞蹈，十一日连歌，十二日傍晚放晴之际赏樱花，十四日"众会乱声"（僧侣们的太鼓、钲鼓等的合奏），南都一乘院·大乘院的舞童表演舞蹈。据说当时有五百人的观众，赏花宴会不仅仅只有天皇与同行的公家参加，还有更加广泛的人参加了该宴会。十七日蹴鞠仪式，二十日诗歌管弦表演，二十一日连歌，二十三日和歌，二十五日晚上表演了白拍子舞蹈。

这次赏花宴会，都是按照义满的兴趣安排的。其中包括来自会场北山第建筑物的调度品、耳朵倾听的音曲、眼睛观赏的舞踏、连歌、和歌等的交流等，囊括了人的五个感官能感受到的所有东西。在这个令人陶醉的法悦王国一样的世界里，《北山殿行幸记》所记载的天皇、公家以及"大众"，各色人等在这个世界里展现，体现了这次活动的目的。

义满欲将这个让人陶醉的法悦王国让义嗣继承。但是，在完成这个心愿之前，也就是宴会之后仅仅三十余日，义满突然去世。那是应永十五年五月六日的事情。

---

① 引自一条经嗣遗留的《北山殿行幸记》（『北山殿行幸記』）。

其中一个说法围绕义满展开。义满周到的准备,被指欲夺取天皇的外交权成为日本国王,欲篡夺王权让儿子成为天皇的"义满的王权篡夺计划"说。但是,基于史料调查的该事件的经纬,实情似乎与此说法不同。

这个经纬一般的表现,如下文所记。

义满欲开辟与中国正式交易之路。但是,前任皇帝因为过于认真不融通,因此交易之事没有进展,听说好像海洋对面的中国换了皇帝,下一任皇帝也许会接受朝贡请求,抱着"虽然不行,还是要试试"的想法,义满派出了使节。

义满于1401年致明朝第二代皇帝的书简,并不是按照正式国书的形式书写,可以说是私信。写文章的人,只是一位仅能读汉文的汉学者,没有经受过外交文书的写作训练。选派的使节,是义满身边的同朋众,筑紫的贸易商人,也不是可胜任外交的人材。

但是当时明朝皇帝,正处于水火之中。抓住救命稻草的心境,不惜一切赠与"国王"的标识,授予义满"日本国王"标识的诏书于1402年发出。

在接受者义满看来,非常意外。但是,这里明朝使节的谦逊,并没有维持日本的体面。接受明朝皇帝国书仪式的绵密计划虽然郑重,但是正如义满居于上位,将明朝使节置于下位那样,失了礼节。

这个机会使正式交易成为可能。为了把握这个机会,义满制作了"日本国王源道义"这一标识的表文。当时的义满,使用"臣"这样的词语之类的事情,可能只认为是目的达成前的小事。

这个表文,禅僧作为国书的形式整理起草,使节也是熟谙中国事情的禅僧。通过政变取得皇位,资历尚浅的朱棣,为了镇压令人头疼的倭寇,接见了有日本国王之称的义满的使节,承认正式朝贡。

历史学者为了明确某一事情的结果,而创造一个个相关事件的当事者都没有想过的动机。总结一下义满获得日本国王的标识,可以发现这并不是他的意图,出于明朝皇帝一方的偶然,这一标识降落在他头上。义满作为政治家的优点,正如这样的偶然变成了必然一样,能够临机应变制定政策。

第四章

郑和(≠马和)

郑和在 15 世纪前半期从中国出发扬帆远航，完成了南中国海、印度洋的大航海。朱棣通过政变坐上了皇帝宝座，明朝为了大航海，在仅仅三年时间就组编了六十二艘船的大船队，以及三万余人的将兵。朱棣为何即位不久就实施如此大规模的航海政策呢？那是因为他的父亲朱元璋与南中国海域诸国缔结的朝贡关系，出现了经营不善的状况。

明朝的开国皇帝朱元璋，宣布帝国成立，便立刻呼吁与明朝国境接壤的高丽与安南（现在越南北部）来朝贡。朱元璋分别于翌年洪武二年正月（1369 年）向日本、占城（占婆，现在越南南部）、爪哇，第三年八月（1370 年）向现在泰国境内的暹罗斛（大城府）以及真腊（柬埔寨），东南亚岛屿的三佛齐、渤泥（文莱）派遣使节，催促前来朝贡。但是，新兴王朝明朝的威严，应该没有影响到东中国海各地。

被催促朝贡的东中国海诸国，是随着蒙古帝国的衰退登场的新型交易国家，国家的样貌也处于变化莫测的状态。以东中国海为媒介所进行的朝贡，如前章所述的日明关系一样，是基于暧昧朦胧的印象而实行的朝贡。

通过政变取得皇位的朱棣（≠永乐帝），欲重新建立朱元璋开辟的不确定的朝贡关系，将帝国的威光扩大到南中国海域。这被认为是赋予南海远征的郑和的使命。

但是，一旦出海，郑和掌握着船队的权威，作为皇帝的代理，成为统治海上帝国的人物。郑和自身抱有的构想，与皇帝所赋予他的使命是否一致呢？本章试图依据仅有的线索，对南中国海郑和所营造的蜃气楼王国进行再构造。

第一节　郑和生活的时代

　　云南是中国西南部的一个省,海拔 1886 米,有著名的高原大湖滇池,湖面积大约三百平方千米,湖水虽然很浅,但是具有波涛宁静的大海的风貌。这个湖位于昆阳州,1371 年,历史上著名的人物郑和就出生在这里。

　　和出生的三年前,中国经历了由元朝向明朝的过渡。元朝衰退的时期,在东中国海,维持海洋秩序的权威消失,称作倭寇的海民从事私密贸易,海盗不断掠夺朝鲜半岛、中国大陆的黄海、中国海沿岸地区。

　　为了监督倭寇,明朝的建立者朱元璋,派遣使节,催促蜃气楼王国的九州太宰府的政权朝贡,和出生后的 1371 年,南朝的征西将军怀良,用蜃气楼王国虚构的"良怀"标识,向中国派遣使节。

　　这一时期,南中国海域也发生了变动。回溯到当时的状况,大致如下。

　　元朝忽必烈企图再次远征日本的计划失败,给东中国海域带来了产生暧昧模糊的政治空间的契机。同时,南中国海存在的蜃气楼王国的诞生,也是由于忽必烈爪哇远征的失败。

　　13 世纪中叶,爪哇的信诃沙里王朝正值繁荣时期。1275 年,该王朝在马六甲海峡海上交易的影响下,远征苏门答腊岛,使马来王国成为它的属国。而且,以爪哇为中心,势力扩展到了巴厘岛和婆罗洲。

　　1281 年,忽必烈派遣使者,要求爪哇国主亲自来元朝的首都,拜谒元朝皇帝。

　　元朝尊大的要求,遭到了强势自负的信诃沙里国王的拒绝,1289 年,在元朝正使的脸上刺青之后将其遣回。对此,元朝出兵讨伐爪哇,组成了由两万士兵和五百艘舰船构成的远征部队。

　　但是,元军于 1293 年登陆爪哇岛的图班之时,讨伐对象信诃沙里王国已经由于内乱而瓦解。元军卷入了爪哇岛的内乱,最后被新兴势力驱逐,这个新兴势力建立的王朝就是满者伯夷国。

　　从中国海域史来看,时间若提前四十年的话,信诃沙里王国相当于日本镰仓武家政权,而满者伯夷国则相当于京都(室町)武家政权的位相。

　　满者伯夷国与义满一样,与中国进行朝贡贸易。支撑这一贸易的,是以元军袭来为契机,往来于爪哇岛和中国之间的人们形成的网络。中国与爪哇交易的面貌,序章介绍的《岛夷略志》的描写,反映了其中一个侧面。在那里活跃着从广东、福建等地渡海而来的中国人。

以爪哇为中心向周边拓展势力的满者伯夷国,惧怕其他南中国海域的政权因向中国朝贡而获得自立。1370年,明朝向婆罗派遣使节催促朝贡。但是,惧怕满者伯夷国介入的婆罗国王,据说没有答应朝贡。而且,据《明史·三佛齐传》记载,派遣到苏门答腊的三佛齐的明朝使节,遭到了满者伯夷国势力的杀害。

在南中国海,满者伯夷国等从前存在的王权衰退,新兴交易国家于14世纪中叶登场。关于爪哇、苏门答腊后续将予论述。今天以泰国为中心的地域,1351年,重新形成了大城府王国的体制。

大城府位于湄南河的冲击平原,沿河而下经由台湾到达南中国海,通过海路与中国直接相连。而且,还存在从台湾对面的奎汶里通过陆路绕道马来半岛,出孟加拉湾到达印度洋的路线。大城府作为南中国海与孟加拉湾连结的重要枢纽得到发展。从中国渡海而来的人们居住在此地,从事交易。

中国史料以“暹罗”登场的大城府王国,不断向明朝派遣朝贡使节。在王国内部平衡动摇之际,为了提高新领导层的权威,向明朝朝贡成为有效手段。

被朱元璋的北伐军驱赶,蒙古族的元朝皇族舍弃了大都(北京),撤退到蒙古高原之后,和的家乡云南由忽必烈的直系子孙把匝剌瓦尔密统治。1381年,朱元璋攻打云南。同年年末,把匝剌瓦尔密的军队十万,与明朝骑兵、步兵合在一起的三十万大军发生冲突,大败。云南遭到明朝军队虐杀的范围不断扩大。

和当时只有十岁,1382年,他被明军抓获后,遭到俘虏阉割,被收留在明军傅友德旗下。

和拥有作为武人的才干。他虽然被阉割,但是他的形象完全没有女性化的特征。实际上,据关于和的人相记录,他身高九尺(约180厘米),腰围十围(150厘米),方脸鼻子略小,眉清目秀,耳朵白而长,牙齿整齐,步伐如同虎姿,声音明朗(袁忠彻《古今识鉴》第八卷)。和兼具领导力和判断力。

把和带在身边的傅友德,发现和不但强壮而且秀丽,同时具有能够发挥超群军事才能的青年资质,于是,将和作为最好的人才献给了朱元璋的四子,当时二十五岁的朱棣。朱棣曾经以元朝都城为据点,发挥了震慑蒙古高原的作用。和符合新主人的期待。击败蒙古军的战役，拉开了和辅佐朱棣的帷幕。

朱元璋去世后，皇帝的宝座由他的嫡孙获得。第二代皇帝为了铲除祸根开始屠杀皇叔们。被追赶的朱棣，于1399年，发动了如第一章所述的"靖难之役"的政变。发动政变之时，和的主人，被南京皇帝剥夺了正规的官僚和军队，据说当时朱棣周围只有大约八百人。

这一困难时期，支持朱棣的是宦官，其中杰出代表是二十岁左右的和。和运用宦官的人脉，收集南京皇帝一方的情报，不仅只是制定战略，和发挥了作为军队指挥官的才能，在南京的最后战争中，威名远扬。朱棣为了表彰和的功绩，赐姓"郑"，于是"郑和"的名字永远载入了史册。作为宦官的首领，郑和被冠以"三宝太监"的称号。

郑和像

永乐三年（1405年）冬季，郑和在江南的港口浏河港集结大船队，从那里出发，沿长江而下驶向外洋。在那之后的三十年间，他曾七次向南中国海、印度洋进行大远征。统帅两万七千人以上的士兵、船员、水夫以及数百艘舰船的总司令官，就是云南穆斯林出身的和。

但是，关于这样庞大的工程，在明朝正史里面几乎找不到记录。仅在《明实录》永乐五年九月，保留了皇帝命令都指挥"改造海船，为向西洋派遣使节做准备"的指示记录，然而，大船队何时出发并未留下明确记载。在正式记录中，和接受皇帝命令所进行的事业被抹杀了。理由是，管理正式文书的官僚们，对于内廷主导的事业很排斥。

1434年，和在六十四岁时去世。

关于和去世的地点，有两种说法。其中一个是，在最后一次航海回到中国后，在南京去世，他的遗体埋葬在了南京的墓地。现在还有一种说法是，他在最后航海的归途中生病，在印度西南部的港口科泽科德去世。若按照这一说法，就是在郑和去世后，船队副官王景弘率领船队返回中国后，在南京的墓地埋葬了郑和的衣服等遗物。

前者南京去世说的根据是，在郑和去世后约三百年完成的正史《明史》

里,记载了郑和与王景弘奉皇帝的命令,围绕霍尔木兹海峡等十七个国家航海后,"而还",成为这一说法的根据。但是,这一出典是后世记载的,并非是不能动摇的根据。另一方面,科泽科德去世说,也无确实的根据。

关于和这一人物的记载,与他的事绩相比而言,留下的情报则少之又少。为了挽救过去处于阴暗中的和的人格,笔者试图立足于确实的素材,一边进行推测,一边基于各种假说慎重求证。

唯一记录和的事绩的,可以说就是那块石碑,竖立在能够望见和出生,度过幼少时代的云南滇池这一大湖的山丘上。详细品读这块石碑,期待和这一人物的样貌能够重现。

第二节　石碑之谜

西历 1412 年,按照中国的历法是永乐九年闰十二月十二日,在石碑前面,在随行人员的陪同下,一位人物矗立在那里。此地虽然地处南方,但是海拔超过了 1800 米,那个时令,从滇池方向吹来的风还是很冷。

石碑高达一百六十五厘米,宽九十四厘米,厚十五厘米,是由褐色砂岩制造而成,绝对不是小石碑。但是,与那位人物相比,这个石碑看起来很小。那位人物大约四十岁左右,看起来如同伟丈夫般雄伟,没有胡须。历经海风日晒,面貌精悍,并非汉族人。对碑文一番感慨之后,遂让随行的石工在石碑背面右上方,刻了三行文字,雕刻完的文字如下:

马氏第二子太监郑和奉

命于永乐九年十一月二十二日至于

祖家坟茔,祭扫追荐,至闰十二月十二日吉日乃还记耳

在石头上刻字前五十天左右,他曾到父亲的墓前祭拜。即将离开故乡前,抑制着依恋难舍之情,矗立在石碑前面的这位人物就是郑和。

郑和对面石碑的碑文,记载如下。为了便于理解要点,下面按照每一个要素分行书写,内容如下:

①公字哈只,姓马公,世为云南昆阳州人。

②拜颜,姊马氏,父哈只,母温氏。

③生而魁岸奇伟,风裁凛凛可畏,不肯枉己附人,人有过,辄面斥无

隐。性尤好善,遇贫困及鳏寡无依者,恒保护赒给,未尝有倦容,以故乡党靡不称公为长者。

④娶温氏,有妇德。子男二人,长文铭,次和,女四人。

⑤和自幼有材志,事今天子,赐姓郑,为内官监太监。

⑥公勤明敏,谦恭谨密,不避劳勚,缙绅咸称誉焉。呜呼,观其子而公之积累于

平日,与义方之训,可见矣。

⑦公生于甲申年十二年初九日,卒于洪武壬戌七月初三日,享年三十九岁。

⑧长子文铭,奉柩安厝于宝山乡和代村之原,礼也。铭曰"身处乎边陲而服礼义之习兮,安乎民庶而存惠泽之施,宜其余庆深长而有子光显于当时也"。

⑨时,永乐三年端阳日,资善大夫礼部尚书兼左春坊大学士李至刚撰公

记录历史的石碑,使用特异材料制作而成,与纸制品等材料相比,石材的永久性高。但是建造石碑需要花费精力和劳力,需要坚强意志。碑文是以流传到后世为意图,在石碑上刻下文字信息。也就是说,从建造石碑的时间、地点这一时空来判断,石碑是面向未来承载信息的媒体。碑文并非以流布的广泛性为意图,而是为了站在石碑面前的后人而刻。

这个石碑,当初竖立在距云南省晋宁县东北数百里的和代村。立碑的时间有两种可能性。

一种可能性是,根据阴碑(石碑背面)右侧所刻的三行题记进行的推测。1980年采录该题记的方国瑜,根据这个题记认为,该石碑是永乐九年归乡的郑和本人所立。

第二种可能性是,碑文所刻永乐三年端阳日(旧历五月五日)那一年所立。这一年因为郑和本人并没有回故乡,故将碑文托人捎去刻在石碑上,这一推断也是顺理成章的。

哪种可能性都很高吗?回答这个问题的一个线索是,题记的末尾"是为记"的地方。这个地方可以解释为"并非立石碑,是在已经立好的石碑上刻录了题记",因此可以推断,郑和得到皇帝的许可回故乡扫墓的永乐九年,石碑已经立好了。

作为状况证据,撰写碑文的李志刚可能当时任礼部尚书。李志刚在朱

棣成为皇帝之时是礼部尚书,但是永乐三年秋,被其他官僚弹劾降为仪制郎。而且,永乐九年被卷入诬告事件而入狱。永乐九年闰十二月在官场失败的人物,郑和应该不会请他为自己父亲作墓碑铭的。

从这一状况判断,这个石碑是从李志刚撰写碑文的永乐三年五月开始,到同年秋李志刚官场失败的事情传到云南的数月间所立。郑和为了向后世传达石碑上所刻的撰写碑文者李志刚与自己没有关系,因此认为也许有必要在碑阴处刻上"是为记"的题记。从以上推断可知,这个石碑的本体是永乐三年郑和的哥哥马文铭,收到碑文后刻在了石碑上比较妥当。

碑文里有很多谜团。

这个碑文更加奇妙的一点是,没有记载作为碑文对象的郑和的父亲的本名。中国人物表记的定式,字并列在本名之后。但是,这个碑文没有记载郑和父亲的本名,只是记载了"字哈只"。郑和的祖父也是哈只。哈只这一标识,是对完成麦加巡礼的伊斯兰的尊称。

阿拉伯语的发音"哈只",指按照伊斯兰的太阴历,巡礼月从第十二月的八日到十日期间,为参加在麦加举行的仪礼而进行的巡礼。完成伊斯兰五行中的一个,进行了麦加巡礼的男性获得"哈只"的尊称。

郑和的父亲与祖父,作为"哈只"受到穆斯林社会的尊敬。巡礼即使在现在,也不是个人单独的行为,而是带着家人,邀请近邻一起出发。郑和的父亲在小的时候,与他的父亲一起去麦加巡礼也是顺理成章的。从"世代云南昆阳人"这一记载可以看出,郑和的祖父与父亲生活在云南,麦加巡礼的起点应该是云南。

第二个谜是从云南到达麦加的路线。郑和的父亲、祖父是穆斯林这点是确定的,但是郑和本人是否信仰伊斯兰教呢? 这也是解开第三个谜的必要问题。

而且,墓碑的对象者去世后,到记载这个碑文的期间,过去了二十多年的岁月。碑文所记人物与郑和的关系,也有必要探讨。郑和依赖交情深厚的书法家李志刚,并不是那么单纯。

另外,最大的一个谜,郑和的本名是什么的疑问。据记载他的父亲姓"马",后来皇帝赐姓"郑",在拙著《海与帝国》中,笔者认为郑姓之前的名字是"马和"。但是,这一推测是否正确呢?

首先从围绕郑和标识的探讨入手吧。根据本书的原则,必须按照本名记载。既然他确实的本名是"和",以下便以这个本名进行表记。

第三节　郑和的标识

关于和,明朝正史《明史》卷三百四十,列传第一百九十二《宦官一》,记载如下:

> 郑和,云南人,世所谓三保太监者也。初事燕王于藩邸,从起兵有功,累擢太监。
>
> 成祖疑惠帝亡海外,欲踪迹之,且欲耀兵异域,示中国富强,永乐三年六月命和及其侪王景弘等通使西洋。

引用部分接下来记录了他远征的概略。从《明史》记载可以看出,郑和出生于云南,世称"三保太监",朱棣还是燕王的时期,郑和就在其藩邸侍奉,通过靖难之役(1399—1402),朱棣打败了第二任皇帝朱允炆,郑和因功绩突出,被提拔为宦官的最高官位。

为郑和父亲所立石碑的碑文记载的"和",姓氏"郑"为朱棣所赐,他的职务为内官监太监(后述)。太监是宦官的长官。和因为被阉割而成为宦官。

说起宦官,经常被描述成以下模样。年轻宦官失去了男性的特征,具有女性化的动作,会产生穿着男装的女性的错觉,宦官中年肥胖,晚年变得瘦弱,只剩下皱纹。大多数走起路来前倾,踱着小步,性格起伏激烈,迎合强者,欺负弱者。这种宦官形象,来自清朝末期与宦官接触的外国人的记录。但是,明朝的宦官却完全不同。

建立明朝的朱元璋,吸取历史教训,考虑到宦官灭国的先例,所以禁止宦官参政以及进行宫廷外的活动。这种状况到了永乐时期得以改观。和作为宦官的头领,得到了宦官网络的支持,使发动政变的朱棣获得成功,因此朱棣开始重用宦官。宦官身着鲜艳的红色服装,直属于皇帝,活跃于宫廷内外。因军事活动而被提拔为远征军的长官,掌握外交、贸易的实权。而且,作为秘密警察的长官,收集情报。第三章所介绍的义满周围的同朋众,与主君的关系形同宦官。

皇帝意欲掌握政务之时,将自身生杀予夺的权力赋予宦官。但是,皇帝经常掌握不住宦官。在永乐以降的历代皇帝中,不断出现异常事件,若官员不迎合宦官,就会受到迫害。在这种皇帝的统治期,宦官如同解锁的疯狗一般,介入政治,谋取暴利,为了增强权威而煽动皇帝。

明朝的宦官组织,分为十二个部门,总称"十二监"。其中和所在的内官监,是统括宫廷运营的部门,分为总理、管理、金书、典簿、掌司、写字、监工的职务,担任宫中的土木工事、婚礼、皇族陵墓管理等工作。也就是说一手掌握着宫廷从衣食住到皇帝死后的事情。[①] 和的职务是"内官监太监",是朱棣阵营的人物,可以说是皇帝的心腹。

与和紧密相连的标识之一是"三保太监",有时也作"三宝太监"。这一标识,成为世间广为流传的标识。剖析该标识的由来,可以发现和与宗教的关联。

作为一般性的通说,和成为宦官后,在明朝皇室内归依佛教,开始称其为"三宝"(佛、法、僧),因为这个音通"三保"而被表记。若这一通说是正确的话,和至少表面不得不成为佛教徒。

从研究和与伊斯兰的关系的立场,还存在其他假说。作为和的通称流布的"三保"、"三宝",曾是他的幼名。作为史料,他成为宦官之前的幼名为"三保"这一史实,明末清初的史学者查继佐在所著《罪惟录》的《明使臣》郑和一条中记载"郑和,初名三保,云南人",成为其中一个根据。

伊斯兰宗教学者马明道[②],推断"三保"的由来是阿拉伯语中太阴历的第八月舍尔巴(sha'ban)的意思。作为穆斯林的习俗,有用孩子出生的月份命名的习惯。因此,他指出,出生于穆斯林家庭的和,有可能被称为舍尔巴。舍尔巴是穆斯林之间比较流行的名字。

另外,其他学者的研究认为[③],在起源于波斯语的维吾尔语中,星期六(shänbä)的发音与"三保"接近,认为和出生在伊斯兰教周初日的星期六。作为虔诚的穆斯林的和的家人,在日常生活中使用波斯语,"三保"的发音是云南昆阳地方的方言,类似星期六(shänbä)的发音。但是,无论哪种说法,除了发音相似外没有其他根据,只是具有某些可能性。

幼少时代在穆斯林家庭成长的和,作为穆斯林的名称是什么呢?他在生家被叫做什么呢?元代阿拉伯人或者波斯人等,还保持着自己民族的名

---

① 《明史》卷七十四,《宦官传》。

② 马明道:《伊斯兰教对中华文化之影响》,台北:中国文化大学出版部,1982年。

③ 姚继德:《郑和的家室与功绩》,吴海鹰主编《郑和与回族伊斯兰文化》,银川:宁夏人民出版社,2005年。

称。到了洪武元年(1368年)发生了巨大变化,朱元璋禁止他们使用少数民族的名称,强制让他们使用汉族的姓。

于是,有的人选择陈、王等汉族姓氏较多的姓,但是穆斯林之间许多人选择与阿拉伯的名称读音相通的姓。众所周知的例子是,穆罕默德改姓"马",阿布改姓"蒲",阿拉丁等结尾的改姓"丁"。禁令颁布之后,在明朝势力范围内居住的非汉族,纷纷改姓。在两年后的洪武三年(1370年),该禁令得到缓和,因为该禁令被认为违反了儒教伦理,应该尊重士族的出身,所以"已经改姓的人,允许改回原来的姓"[①]。

和出生的1371年,他的故乡云南在把匝剌瓦尔密的统治下,处于明朝势力范围的外侧。他的家族毫无疑问是从中央欧亚移居到云南的穆斯林。从这点考虑的话,郑和的本名,并不是汉字表记,而应该是中央欧亚出身的穆斯林的名称。

穆斯林的本名的构成为"本人名字＋父亲名字＋祖父名字＋一族名字"。父亲的"姓"马,推断是他父亲(和的祖父)的名字。在回族中,"马"多数情况认为来自穆罕穆德这一姓。"马"是其祖父的名字,郑和的名应该是"和＋?(父亲名字)＋(祖父名字)＋伯颜(一族名字)"。"和"这一名字,是本来以"hu"或者"ha"发音开头的伊斯兰名称(例如侯赛因、哈基姆等)。

第四节　从穆斯林少年到郑和

从墓碑铭可知,和的祖父及父亲两代都具有"哈只"的称号,这一称号是对完成麦加巡礼的穆斯林的尊称。元代,从云南到麦加,走的是哪条路线呢?元代汪大渊《岛夷志略》记录了当时东南亚状况,其中的"天堂"(麦加)条,记载着"云南有路可通,一年之上可至其地"。可见存在从云南经由海路到达麦加的路径。

经推断,麦加巡礼路线有两条。其中一条,从云南向西南的孟加拉湾行进,绕道印度洋的路线。还有一条向东行进,从福建等港口城市乘船,经由

① 《明太祖实录》卷五十一。

南中国海、印度洋到麦加的路线。后者经由中国海的路线是马可·波罗的归途路线。14世纪中叶,进行麦加巡礼的和的祖父及父亲选择的是哪条路线不得而知。但是,他们没有通过陆路经由丝绸之路去麦加巡礼。

关于和的父亲,如前所述有两点疑问。其中一个是,他父亲的本名没有记载。还有一个疑问是,他父亲去世后的二十三年,这个墓碑才建立。解开这些谜团,要探讨他父亲去世的1383年,和的故乡云南发生了什么。

和出生的时候,云南处于忽必烈大汗的第五子把匝剌瓦尔密,中国称为梁王的统治下,与后退到蒙古高原的北元相呼应。朱元璋创建明朝后,几乎每隔一年就派遣使节前去劝降。但是,把匝剌瓦尔密杀害了使节,拒绝投降。

在中国,云南被认为是边疆,在中国通史中很少言及。和以及其一族的命运发生改变的战役,在很多史书中也是轻描淡写。但是,对于明朝来说,云南绝对不是作为边疆可以轻视的地域。蒙古帝国为了灭亡南宋,首先控制的是云南。可以看出西南地区从军事、地政学角度来讲,是中国攻略的要塞。

建立明朝,将占据北京的元朝驱逐到蒙古高原的朱元璋,为了维持中国的统一,驱逐残留在云南的蒙古势力,将其收在自己的势力范围是必要的。云南攻略,对于朱元璋来说,是完成帝国这一大事业的"最后一弹"。

洪武十四年(1382年),朱元璋为了云南攻略发动了军队。他所动员的军队,包括骑兵、步兵共计三十万人。为了迎击明军,把匝剌瓦尔密将军队委任给了达里麻。在白石江,十二月决战的早晨,浓雾覆盖了四周。待太阳升起。浓雾退去之时,达里麻的眼前出现的不再是云南人,而是明军。实际上,在明军进攻之前,云南军队发生了混乱,败局已定。

洪武十五年正月,云南中心地昆明,被明军控制。把匝剌瓦尔密在白石江战役中,损失精锐部队十万,他失去了反击机会,败走于和以及他父亲的故乡附近的普宁州的忽纳寨,在那里遭到追杀,他烧毁了代表元朝之王身份象征的龙袍,与妻子共同投滇池身亡。[①]

根据云南保留的记载,在明军压境之前,把匝剌瓦尔密在云南实施善政。碑文记载了和的父亲的事绩,称赞他不向非道德一方妥协,救济弱者。

---

① 《明史》卷一百二十四,列传《把匝剌瓦尔密》。

从和的父亲这样的性格来看,他无疑会选择保卫乡里,抵抗明军。而且,他父亲是在战乱中丧命。当时,和只有十一岁。

碑文没有记载和的父亲本名的原因,无疑是因为,对于把匝剌瓦尔密的善政留有乡愁之念的时期(明朝的云南攻略过去仅二十年),和的父亲在抵抗作为仇敌的明军过程中失去了性命,因此,他的本名是不能够记录的。

战乱中失去父亲的和,少年时代以后的命运非常悲惨。明朝军队将把匝剌瓦尔密处死,虽然收复了昆明等重要城市,但是却无法进行安定的统治。对于进驻军,云南民众采用游击战的方式继续抵抗,大多数原住民反感于残暴的明军,不断进行袭击。明军搜索蒙古政权的关系者,在各地进行屠杀。

也就在那时,十一岁的和被明军抓去,捆绑着遭到阉割。与和具有相同命运的还有很多少年,有的人由于伤口感染,加之发高烧而丧命。但是,是幸运还是不幸呢?和没有死。他不久成为明军统帅傅友德的部下。和被认为是一位仪表堂堂,才貌兼备的人才。被阉割的少年,是明朝皇族和高官之间上等的赠答品。三年后,和被献给了朱元璋的四子,当时二十五岁的朱棣。

也许是因为和具有可追溯到中央欧亚的遥远祖先的遗传因子,青年时期的和,即使被阉割,与一般汉族相比,仍然具有强壮的体格。第二代皇帝朱棣陷于绝境,发动政变之时,他周围没有可调动的军队,唯一能够依赖的就是他身边的和。和率领仅存的少数士兵出击,运用宦官网络探得了皇帝的内情,趁强大的皇帝一侧正规军疏忽之时,逆转了形势,与南京宫廷的宦官相呼应,打败了皇帝的正规军获得了成功。

和是朱棣成为皇帝的最大功劳者,为了赏赐他,朱棣赐给和"郑"姓,从此历史上出现了"郑和"。幼少时代的和,对于经海路去麦加巡礼的旅程,曾在祖父及父亲的膝前反复想象过多次。而且,他也一定会向朱棣讲述海域物语,这点燃了皇帝心中的欲火,升华了皇帝的梦想。南海远征这一大事业的构想,也许就出自和。

第五节　立碑理由

这个石碑的碑文,撰于墓碑对象人物去世后的二十余年。而且,人物的本名和职务名都没有记载。为什么会竖立拥有如此奇妙碑文的石碑呢?线索有两个,一个是碑文的撰写者是礼部尚书,另外一个是撰写日期为永乐三年五月五日。

碑文的撰写者李志刚,出身于江南松江。朱元璋在位期间,李志刚为明朝官员,洪武年间任礼部郎中(相当于事务副官)。朱棣继承皇位后,李志刚得到皇帝信任,命他从事《太祖实录》的编纂,提拔为礼部尚书。永乐二年负责皇太子的教育之职,兼任左春坊大学士。[①]

和的父亲的墓志铭撰定的时期,是李志刚在官场的巅峰期。礼部是六部之一,管理王朝礼仪,也是掌管外国朝贡的部门。尚书是六部的长官,礼部尚书换一个众所周知的现代意义的说法,就是外务大臣。李志刚作为礼部尚书的事绩,《明史》中关于他与日本的交涉,有如下轶事。

永乐元年(1403年),日本派来的义满的使者到达宁波。李志刚作为掌管礼部的官僚,向皇帝上奏道:"过去番使(从未文明化国家来的使者)到达中国的时候,要求不准擅自携带武器,不准进行人身买卖。管辖的官员下达敕令,遣返了他们的船舶,将所有触犯禁令者护送出都城。"针对这一上奏,皇帝说:"外夷(文明未开化的人)特意准备贡品,冒着危险远道而来,耗资巨大。用带来的东西弥补旅费的不足,也是合情理之事。为何要死教条,拘泥于禁令呢?对于武器可允许按照时价贩卖,不得妨碍向化(慕明朝的仁政特意前来)。"[②]

这一轶事,反映了义满进行的朝贡贸易的一个方面,意味而深长。其中,日本在明朝看来是未开化之国,而且,与朝贡使节一同到达宁波的商人,是为了贩卖刀剑和奴隶而来。

反复斟酌李志刚的朝贡观与朱棣皇帝的对外政策可以发现,李志刚严

格执行朱元璋制定的朝贡制度,与此相比,朱棣欲将朝贡作为手段,将明朝的权威扩大到世界各地。和的远征,基于皇帝的意图,就是抱有将明朝的权威发扬到南中国海、印度洋沿岸诸国的目的。这一项目需要巨大资金,因而需要从抑制对外贸易的朱元璋制定的原则中解放出来。从朱元璋时代就侍奉的官员,可以说很难适应。围绕日本使节问题,李志刚的发言可以透露出其内心是反对和的远征的。

碑文所记载的永乐三年五月五日,是什么样的时间点呢?据《明史》的郑和传记载,永乐三年六月,郑和与王景弘接受了皇帝下令远征的命令。该项目在朱棣即位后不久便立案,"永乐元年(1403 年)五月辛巳,命令福建都司造海船一百三十七艘","永乐二年(1404 年)癸亥,为了营造向西洋诸国派遣使节的船只,遂命令福建建造海船五艘"。①

这里的"西洋",是蒙古帝国时期诞生的海域区分。元代,航海频繁,随着海域世界情报的增加,从中国出航后,作为路线意义开始使用"东洋"、"西洋"这样的海域名称。马六甲海峡与苏门答腊岛的蓝无里被设置为境界,以此为界,以西被称为"西洋"。而且,以文莱为境界,以东称为"小东洋",以西称为"小西洋"②。上溯到和远征的事绩,朱棣所指的西洋,在小西洋以西,即被认为是东南亚岛屿到印度洋沿岸地域。

从准备阶段开始,和就参与规划,但是,和被选为正式的远征军指挥官是在永乐三年六月。碑文在该命令下达前后撰写。碑文的撰写者李志刚,并非因为与和的个人关系而为和的父亲撰写墓碑铭(宫崎正胜氏的见解)。撰写碑文的理由,出于礼部尚书这一标识。

和远征的目的,是为了发扬明朝的权威,让西洋诸国前来朝贡。该项目是由宦官主导,属于皇帝的私人项目。但是,实际上该项目取得了显著成果,朝贡使节不断前来中国朝贡,而实际负责这个任务的是礼部。

对远征抱有消极态度的礼部,有必要对该项目进行承诺。礼部尚书对于已经内定的远征指挥官和的认知,是撰写碑文的背景。而且,掌管礼仪的礼部尚书适合参与和的父亲的祭礼,用执笔撰写墓志铭的形式表现。

表彰抵抗明朝的人物,李志刚不会想亲自为其撰写碑文。但是,撰写碑文的准备,已经在周密细致地进行。

---

① 《明成祖实录》。

② 宫崎正胜:《郑和的南海大远征》(『鄭和の南海大遠征』),中公新书。

在碑文接近末尾处,插入了在云南故乡居住的和的哥哥文铭的话,表示出为了到南京取李志刚撰写的碑文,文铭特意远道而来。

对于皇帝信赖的宦官,李志刚不应该拒绝。但是,作为侍奉过命令进攻云南的朱元璋的官僚,是不能够记录明朝反叛者的本名的。对此,和也一定会妥协表示同意。

第六节　远征南中国海域

在和的故乡立碑不久的永乐三年(1405年)冬季,和便在江南港口的浏河港集结大船队,沿长江出发驶向外洋。和在皇帝朱棣支持下的大远征拉开了帷幕。在之后的三十年间,他曾七次向南中国海、印度洋进行大远征。和作为总司令,统帅两万七千人以上的兵士、船员和水夫。

记载和南海远征概要的史料,也是石碑所刻的碑文。立足于该碑文,可以窥见和南海远征的概况。

1930年,在福建省长乐县南山寺(三丰塔寺),出土了一个石碑。该石碑高一百六十二厘米,宽七十八厘米,厚十七厘米,石碑的上部用篆字刻着"天妃灵应之记",记载了三十一行一千一百七十七字的碑文。而且,天妃是黄海的守护女神,即妈祖。该石碑是在宣德六年(1431年)仲冬(旧历十一月)吉日所刻,目的是为祈求郑和航海安全。石碑记载了当时郑和完成的六次航海的概要。

实施远征的朱棣去世后,下一任皇帝朱高炽中断了远征项目。在持续了十年的空白期之后,郑和终于再次出海远征。也许郑和预感到了这是最后一次航海,而且从该碑文是长文这一点也可推断,六十一岁的郑和担心在王朝的正规记录中不会留下航海记录,所以才将郑和壮年时期的事绩刻在了石碑上。郑和在宣德六年(1431年),在船队的集结港浏河港的天妃宫,也竖立了"通蕃事绩"碑。这个石碑与长乐的天妃碑共称姊妹碑,碑文内容也相近。

记载和的事绩的"天妃灵应之记"冒头如下:

　　　　皇明混一海宇,超三代而轶汉唐,际天极地,罔不臣妾。

在歌颂完明朝伟业后,对于远征事业的目的记载如下:

若海外诸番,实为遐壤,皆捧琛执贽,重译来朝。皇上嘉其忠诚,命和等统率官校旗军数万人,乘巨舶百余艘,赍币往赉之;所以宣德化而柔远人也。

碑文所列和的船队所赴诸国名称如下:

自永乐三年,奉使西洋,迄今七次,所历番国,由占城国、爪哇国、三佛齐国、暹罗国,直逾南天竺锡兰山国、古里国、柯枝国,抵于西域忽鲁谟斯国、阿丹国、木骨都束国①,大小凡三十余国,涉沧溟十万余里。

永乐三年奉命出使西洋,迄今共七次。历访蕃国,从占城国(占婆)、爪哇国(爪哇)、三佛齐国(居港)、暹罗(大城府)到南天竺(印度南部)、锡兰山国(斯里兰卡)、古里国(卡利卡特)、柯枝国(科钦)直行,到达西域的忽鲁莫斯国(霍尔木兹海峡)、木骨都束国(摩加迪沙)等大小三十余国,远洋航行共计十万余里。

在这之后的碑文,记载了航海的艰苦,以及对天妃灵验的感谢,记载了修筑南山天妃宫的经过。

在碑文最后,"将神的功德,以及与诸蕃往来的年月记录于石碑之上,留作永久纪念",还记载了自永乐三年开始的远征概况。按照和自身监修的碑文,叙述了远征概略。

永乐三年,和率领船队到达卡利卡特等国。碑文记载了"海盗陈祖义在居港集结手下,掠夺外国商人。郑和率领的船队遭到袭击,在神兵的支援下,迅速打败了海盗"。这个陈祖义,待后续。和的第一次航海,在永乐五年(1407 年)结束归国。

第二次航海从永乐五年到七年(1409 年)。航海围绕爪哇、卡利卡特、大城府、科钦等地域进行,各国国王进贡了珍宝、珍鸟、珍兽。第三次从永乐七年到九年(1411 年),到达了占婆、爪哇、马六甲、苏门答腊、锡蓝、科钦、卡利卡特。当时,马六甲北部受到大城府、南部受到满者伯夷国的压迫。和保护了马六甲,并将其作为南中国海域的据点。在那之后,马六甲得到发展。第三次航海,穆斯林费信随行,在和的航海的影响下,前来明朝朝贡的诸国情报,在保留下来的费信所著《星槎胜览》中有记载。

---

① 经过比定,占城国为占婆,爪哇国为爪哇,三佛齐国为居港,暹罗为大城府,南天竺为印度南部,锡兰山国为斯里兰卡,古里国为卡利卡特,柯枝国为科钦,忽鲁莫斯国为霍尔木兹,木骨都束国为摩加迪沙。

永乐十一年（1413 年）开始的第四次航海，以波斯湾的霍尔木兹为目标。经印度洋航行到达伊斯兰世界的中心，这次航海经过周到准备，比之前编成的船队规模大。

此次航海，穆斯林青年马欢也是其中一员。他记载郑和所到诸地域情报的《瀛涯胜览》，是东南亚研究不可或缺的史料。据碑文记载，这次航海，郑和介入苏门答腊的内部纷争，俘虏了王位篡夺者，并于 1413 年归国。据记载，这一年，马六甲的国王亲自带领妻子前来明朝朝贡。

第五次航海始于 1415 年，郑和率领船队以霍尔木兹为目的地。这次航海收获颇丰。永乐十七年归国的郑和船队，带来了伊斯兰世界的使节。霍尔木兹进贡了狮子、金钱豹等珍稀兽类，阿拉伯半岛的亚丁，进贡了当地叫做"祖剌法"的麒麟。现在索马里的摩加迪沙进贡了"华福禄"（斑马）和狮子，卜剌哇国（索马里巴拉维周边）进贡了千里之外的骆驼和鸵鸟。

永乐十九年（1421 年）开始到永乐二十年结束的第六次远征，和再次访问了霍尔木兹。相隔十年的最后一次航海，船队成员在祭拜了天妃宫后，于宣德六年十二月九日（西历 1432 年 1 月 12 日），从太平港逐个出港远航。他们归国是在宣德八年的夏季。遗憾的是，舰船上没有再看到郑和的身影。

第七节　远征目的

从中国立场来看，第一次航海的最大目的，对明朝来说是在南中国海建立良好秩序[①]。若要理解南海远征的目的，有必要回溯到一百三十年前。

在中国，明朝成立之初，朱元璋督促前来中国朝贡的满者伯夷国，与中国维持良好的关系。

这种状况在 1370 年代中叶发生了改变。满者伯夷国在南中国海的权威开始出现不良状况，由于王权继承问题而四分五裂，这也成为其走向衰退的原因。

信诃沙里王国时代，从属于爪哇政权的苏门答腊岛西南部的巨港政权，

---

① 　郑永常：《海禁的转折》，台北：稻乡出版社，2011 年。

独自作为三佛齐国王向明朝朝贡。巨港是位于马六甲海峡西部要塞位置的重要交易港。

1377年,为了册封新即位的三佛齐国王,中国派出三百余名人员构成的使节团,携带镀金驼钮银印(镀金银印,与赐给义满的金印相比级别低,与琉球王国相同级别)。但是,这批使节却行踪不明。

1379年,从爪哇岛东西部,分别前来朝贡的使节到达了中国。遵照明朝的理念,若不是明朝皇帝册封的后继者不允许朝贡。南中国海秩序崩溃的国家,明朝的官僚了如指掌。不承认巨港政权独立的满者伯夷国的军队,消灭了巨港政权,杀害了明朝派去三佛齐的册封使节,这一点是可以明确的。

自称三佛齐的巨港政权消失后,巨港在中国文献中记载为旧港。参与第四次航海远征计划的穆斯林马欢,在他所著《瀛涯胜览》中记载"旧港,古名叫做三佛齐国,原名是浡淋邦(巨港),属于爪哇国管辖,东部与爪哇国接壤,西部连接马六甲国"。

趁着统治的时机扎根旧港的,是中国出身的海洋商人。其中一个头目陈祖义是广东出身的海洋商人。陈祖义支持的是满者伯夷王国的西王。因此,他们阻止王国不承认的势力进出于南中国海域。

自14世纪末开始,从南中国海域王权前来中国朝贡的使节没有了。而且,从印度洋海域经由马六甲海峡到达中国海域的船舶也消失了。1403年,大城府的使节到达中国。这批使节带来了以下情报,印度洋的穆斯林商人无法通过马六甲海峡,而是需要绕道横穿马来半岛的克拉地峡,从事交易。[①]

明朝为了应对情势的变化,收集关于巨港的情报。结果,梁道明"这位带着家族长期居住的广东人,动员了广东、福建的军民数千人,推举道明为头目"[②],才把握了事态。明朝启用了梁道明,排除掉了与满者伯夷国西王关系密切的陈祖义。

明朝向巨港派遣官员,"招抚梁道明"[③]。梁道明在永乐三年十一月亲

---

① 《明实录》永乐元年十月。

② 《明实录》。

③ 《明实录》永乐元年。

自到达南京,拜谒了皇帝。而留守在巨港的梁道明部下施进卿,全权负责国事。[①]

明朝派遣大船队到达南中国海域的情报,也传到了巨港。在船队出航不久,永乐四年(1406年)七月,"旧港头目陈祖义派遣儿子士良,梁道明派遣侄子,前来拜谒皇帝"。[②] 陈祖义与梁道明纷纷向明朝派遣使节,是为了打探中国的状况。该记录的最后,梁道明的名字消失了。郑永常氏推断,陈祖义在得知他与中国联合排斥自己后,先下手杀害了梁道明。

和率领的船队,从印度的卡利卡特归国途中,访问了巨港。《瀛涯胜览》中旧港条有如下记载:

> 昔洪武年间,广东人陈祖义等全家逃于此处,充为头目,甚是豪横,凡有经过客人船只,辄便劫夺财物。至永乐五年,朝廷差太监郑和等统领西洋大□宝船到此处。有施进卿者,亦广东人也,来报陈祖义凶横等情,被太监郑和生擒陈祖义等,回朝伏诛,就赐施进卿冠带,归旧港为大头目,以主其地。本人死,位不传子,是其女施二姐为王,一切赏罪黜陟皆从其制。

这里认为施进卿向和陈述了陈祖义杀害了与明朝联手的梁道明一事。关于这一事件,马欢记载"太监郑和生擒陈祖义等,护送回中国处刑"的始末。

但是,抓获陈祖义的理由还有一个。

明朝为了牵制作为再构建南中国海域秩序障碍的满者伯夷王国的西王,试图与西王对立的东王建立关系,于是向那里派遣了一百七十名使节。1406年(永乐四年),西王攻击东王据点之时,杀害了明朝使节。

此事朱棣皇帝虽然也知道了,但是并没有直接责难西王。与爪哇王国敌对,若是真的战争的话,有可能会成为忽必烈第二。虽然并没有直接惩罚满者伯夷国,但是取而代之的是抓获了陈祖义,以示警告。

在《明实录》(永乐五年九月壬子),有如下记载:

> 派遣太监郑和到西洋诸国,归国途中,与海盗陈祖义等的武力发生冲突。起初,和到达旧港之时,见了祖义等人,派人去招抚。祖义假装投降,暗地欲袭击官军。察觉此事的和,整装军备。祖义率众袭击,和

---

① 《明实录》永乐三年十一月。
② 《明实录》永乐四年七月。

迎战,大败祖义。杀死贼党五千余人,烧毁贼船十艘,拿获七艘,押收伪铜印两个。生擒祖义等三人,护送至中国首都(南京),逐个斩首。

> 遣人招谕之。祖义诈降而潜谋要劫官军。(郑)和等觉之,整兵提备,祖义率众来劫,和出兵与战,祖义大败,杀贼党五千余人,烧贼船十艘,获其七艘,及伪铜印二颗,生擒祖义等三人。既至京师,悉命斩之。[1]

关于和的南海远征,尽管远征的规模庞大,但是南中国海域的史料中没有保存记录。可以说唯一的史料,是在爪哇北岸港口三宝垄的三保庙(印度尼西亚语 Klenteng Sampo)发现的记录,学者根据此史料编成了《编年史》[2]。

作为史料的问题点待后续,首先,从《编年史》关于陈祖义记载的冒头部分进行介绍。

在《编年史》序文中,记载了明朝任用很多云南出身的哈乃斐派穆斯林作为官员,在统一中国后,从 1405 年开始的二十五年间,曾派遣"哈只三保(Sam Po Bo)"作为司令长官率领船队,统治南洋海域以及海岸。

《编年史》中记载的虽然是"哈只三保",但是和并未完成麦加巡礼,所以并非真正的哈只。但是,和的祖父和父亲都是哈只,所以用哈只来记载也不足为过。

> 1407 年,明朝皇帝的船队,镇压了巨港(旧港)。这一地区自古以来就是中国出身的非穆斯林海盗的根据地。从福建来到旧港的海盗头目陈祖义被逮捕,押送回中国首都(南京)。而且,将其在公众面前斩首。这也是对南洋各地福建出身的中国人的警告。在旧港,印度尼西亚列岛成立了最初的哈乃斐派团体。同年,在加里曼丹的桑巴斯中国穆斯林也开始定居。

《编年史》中记载镇压陈祖义是在 1407 年,正确时间应该为 1405 年。

虽然问题点比较零散,但若这一记载属实的话,和将陈祖义排除巨港的

---

① 《明实录》卷七十一,永乐五年九月壬子。

② 本书所使用的《编年史》,以 Ricklefs, M. C. *Chinese Muslims in Java in the 15th and 16th Centuries*, Monash University, 1984 所收的英译本为主,也参考了曾玲主编《东南亚的"郑和记忆"与文化诠释》(合肥:黄山书社,2008 年)所收的汉语译本,井东猛《围绕波特曼报告、三宝公祠、塔兰庙所收文书展开》(《南方文化》第三辑,1976 年)抄译的日语译本。

一个理由则是,为了遏制非穆斯林的势力,成立穆斯林兄弟会。

文中所记载的哈乃斐派,是逊尼派的法学派的一种,在中央欧亚流布,蒙古帝国统治云南之时,通过赛义德·库特布扩大了其影响。和的祖父与父亲,也被认为是哈乃斐派穆斯林。排除陈祖义之后,巨港的多数华人,与镇压者和的关系得以加深,从而开始信仰伊斯兰教,成立了哈乃斐派中国人兄弟会。

取代陈祖义的巨港华人头目是施进卿,他派往日本的交易船,1408 年(应永十五年,永乐六年),到达若狭国小滨。记载此次来港的《若狭国税所次第》里面有"帝王的御名亚烈进卿"的船只。这里的"亚烈"标识,可能是阿拉伯语"阿里"的音译。[①] 在这里,施进卿使用了穆斯林常见的称呼,从这一点来看,接受了和的支持的施进卿,很可能信奉了伊斯兰教。

在陈祖义被逮捕后,按照《编年史》的记录,和的军事介入之后,哈乃斐派穆斯林的中国人团体在马来半岛、爪哇以及菲律宾也成立了。在爪哇,雅加达附近的吴哥(Angkor)、森垄(Sembung)、拉森(Lasem)、杜板(Tuban)、锦石(Gresik)、饶洞(Djiaotung)等地建立了清真寺。

开始于 1411 年的南中国海的穆斯林中国人团体的成立,与和第三次航海在马六甲设立船队基地之后,到第四次航海的时间相符。和的船队有可能分成若干分队,而和所乘坐的本队船队,以占婆、马六甲为据点,留在南中国海域活动。

爪哇所建立的清真寺的场所,在马欢的《瀛涯胜览》"爪哇国"条可见。图班写作杜板,杜板番名赌斑,地名也。此处约千余家,以二头目为主。其间多有中国广东及漳州人流居此地。"这里超过千轩,由两位头目治理,来这里的大多为广东人和漳州人",忽必烈派遣的远征军就在此登陆。

锦石在爪哇岛东部,是与马都拉海峡相邻的港口城市,《瀛涯胜览》表记为"革儿昔","从杜板向东行进半日左右,到达新村,地名叫做革儿昔。这里原来是砂州,中国人在此居住后命名为新村,当时的村长还是广东人,有千轩以上住户"。"于杜板投东行半日许,至新村,番名曰革儿昔。原系沙滩之地,盖因中国之人来此创居,遂名新村,至今村主广东人也。约有千余家,各处番人多到此处买卖。"据《瀛涯胜览》记载,从锦石向南乘船大约二十里左

① 《福井县史》通史编二,中世。

右,到达泗水(苏腊八亚),再乘小船行进七八十里,到达叫做章姑的港口。从这个港口上岸,向西南行进一天半左右,到达满者伯夷国的王都。

和一行促进了爪哇中国系穆斯林的发展。1413年,因为明朝船队、舰船的修缮,船队停泊在三宝垄一个多月。司令长官三保与哈只马欢、哈只费信,为了祈祷,不断访问哈乃斐派中国人的清真寺。

1419年,司令长官三保,为了管辖在南洋诸国沿海地域扩大的哈乃斐派中国人团体,任命哈只彭德庆管理占婆。彭庆德为了管理菲律宾的马尼拉和加里曼丹,指名任用哈只颜英裕。

1423年,哈只颜英裕,为了管理在爪哇、巨港、桑巴斯扩大的哈乃斐中国人团体,从马尼拉向爪哇的图班转换了人员配置。当时,图班是满者伯夷王国在爪哇重要的港口。

1424年,哈只马洪祸(Ma Hong Fu)被任命为驻满者伯夷国王宫的大使。马洪祸是云南军人的儿子,彭德庆的女婿。马洪祸与家族赴满者伯夷国王宫之际,作为使者曾三次访问过满者伯夷国王宫的费信与其同行。像这样,《编年史》记载了在和的领导下,管理南中国海各地扩大的哈乃斐派中国人团体的体制形成了。

以彭德庆为首的哈只们,在中国史料中完全没有记载。在中国的研究文献中,按照福建闽南话的发音,彭德庆写成了黄达京,颜英裕写成了颜英祖,马洪祸写成了马洪福。而且,黄姓与马姓在云南穆斯林里面有很多,所以,黄达京与马洪福被认为是云南穆斯林,而颜英祖则被认为是福建穆斯林[①]。

1425年,司令长官哈只三保,成为事实上统帅包括南洋在内的华南的总督。三宝垄的清真寺,为三保举行了祝贺礼拜。据《编年史》记载,1430年,三保亲自占领了东部爪哇的都马板(Tu Ma Pan),并将此地献给了苏京达(Radja Su King Ta)。Tu Ma Pan 在中国史料记载为都马板,被认为是东西分裂的满者伯夷国西王的据点。颜英裕的弟弟颜英旺(Gan Eng Wan),在满者伯夷国宗主权下,成为都马板的领主。1431年,司令长官哈只三保去世,在三宝垄的清真寺,为他举行了隆重的追悼仪式。

《编年史》存在个别错误。其中记载的1430年和来到爪哇,实际上应该

---

① 陈达生:《郑和与东南亚伊斯兰》,北京:海洋出版社,2008年。

是 1432 年。而且，和去世不是在 1431 年，而是 1434 年。

和以及船队，形成了南中国海域穆斯林的网络。但是，这还不能成为通说。实际上，依据《编年史》介绍的南中国海域的状况，可信度是个问题。关于《编年史》，印度尼西亚的研究者巴林桐岸（Mangaradja Onggang Parlindungan），在 1964 年作为自己著作的补遗公开发表，但是所依据的史料还没有得到其他研究者的确认。

问题是迄今为止，《编年史》所依据的历史叙述，据笔者管见，并不存在。但是，在东南亚史研究者中，与其他史料、传承进行比照互证后发现，《编年史》的内容并非完全捏造。在南中国海域几乎没有留下和的活动史料的情况下，可以假定《编年史》反映的是史实，因而它具有尝试论述的价值。

第八节　石碑的秘密

如前面所述，永乐九年（1411 年）十一月，和祭拜云南故乡父亲墓地之事，让工匠刻在了石碑的背面。这是因为和考虑到即将航海远征，不知是否能够活着回来，所以回故乡确认与祖先的关系。在永乐九年这一时间点，可以通过和当时所做的事情进行推测。

开始于永乐三年的远征项目，到永乐二十年（1422 年）的十七年间，和曾航海六次，皇帝换代后又进行了第七次，也是最后一次航海。将七次航海进行大概分类可知，第一次到第三次，以印度洋的交易中心港卡利卡特为目标，结束了历经两年的航海回到中国后，等待风向的改变，不久就于那年又出港远航了。

第四次到第六次，到达点为波斯湾的交易港霍尔木兹，航海结束回到中国之后，到下一次远征间隔了两年以上。可见，印度洋远征的航海准备是需要花费时间的。

朱棣去世后的第七次航海另当别论，前三次与后三次航海，和的性格发生很大变化。第四次以降的航海，据《编年史》记载，和在扶植南中国海域哈乃斐派中国人团体的同时，表现出将航路向印度洋西部的伊斯兰圈延伸的意图。

第三次航海结束后，和赶赴陕西省西安市。西安（唐代的长安）是陆上丝绸之路的起点,那里居住着很多穆斯林。在西安羊市,将清真寺的宗教指导者哈三作为航海要员招揽进来。哈三不仅通晓阿拉伯语,而且是远征军中全体穆斯林的宗教指导者,是船上的阿訇。

第四次以降的航海,众所周知的《瀛涯胜览》的著者马欢,以及浙江省出身的郭崇礼等,很多穆斯林都加入了航海。[1] 这种与穆斯林社会接点的活动,据推测是因为和自身作为穆斯林所度过的幼少时代,起了有利作用。

为了更加明确这一点,作为和航海准备的一环,他回到故乡祭拜了父亲墓地。

如《故马氏墓碑铭》碑文所述,和的祖父、父亲两代具有哈只的称号,作为完成了麦加巡礼的穆斯林受到尊敬。第四次以降的远征,向南中国海域以及印度洋沿海地域扩大的穆斯林网络,起到了重要作用。项目的领导者与伊斯兰关系密切,得到穆斯林共同体接受,成为立碑的理由。

该石碑并非为了称颂和的父亲的事绩而立。若没有穆斯林的协助是无法成功的,是作为远征的奠基石竖立了此石碑。因此,立碑刻文的意图在于认定和是哈只,也就是麦加巡礼经验者的孙子、儿子。因此,可以说没有必要写上父亲的本名。向南中国海及印度洋的远征,并不是在"郑和"(明朝皇帝赐名)的指挥下进行,而是在"哈只的孙子、儿子"这一标识的指挥下所进行的项目。

据石碑背面所刻题记所示,和在完成扫墓后的大约五十天时间,停留在故乡,在那之后,在航海前访问了墓碑。这期间,他并非漫然度过的。和利用这段时间,寻找了在南中国海域港口城市逐渐形成的管理哈乃斐派中国人团体的人材。

在明朝统治下,怀念把匝剌瓦尔密统治下实施善政的人们,应该不少。明朝的云南攻略,和被阉割是故乡的穆斯林众所周知的事情。"我们的祖辈父辈,曾一起共同渡海到麦加去巡礼",有许多对和这样的话语产生共鸣的穆斯林,并非不可思议之事。

和进行南海远征的 15 世纪初,正是南中国海域的伊斯兰势力扩张时期。若《编年史》的记述反映了某些史实的话,那么,这两个事件时间的一致并非偶然,和试图在海域扶植哈乃斐派中国系穆斯林团体,努力构筑网络的

---

① 魏德新:《跟随郑和下西洋的回族穆斯林》,《郑和研究》2008 年第 2 期。

结果,是导致现在的伊斯兰世界向南中国海域扩张的原因。

在和以前,南中国海域也有很多从印度或者伊朗等地来访的穆斯林商人。但是,当时的穆斯林商人注重交易,并未积极参与当地社会。从东南亚到中国的广东、福建,在港口设置穆斯林居住区,在那里建造清真寺,但是并未努力拓展本地居民的宗教信仰。

与此不同,和具有明确的构建南中国海域秩序的目的,和支援与自己交好的当地政治势力,驱逐与自己矛盾的势力。一旦出海,和的命令等同于皇帝朱棣的命令,归国后,也是依据和的判断由皇帝进行追认封赏。在海上,和具有与皇帝相同的权威。

和在成为交易据点的港市,安排可信赖的中国系穆斯林作为长官。其中大多数人材,是和所邀请的云南穆斯林。在南中国海域创立穆斯林帝国,这是和所向往的构想。

对南中国海域港市国家的首长来说,为了顺利与经济大国的中国进行交易,有与和所构筑的中国系穆斯林网络连系的必要。这也是当地社会伊斯兰化的要因之一。

典型的例子是,和选择的船队寄港地,得到和支援的马六甲王国,从大城府以及满者伯夷王国的压迫中获得了解放。马六甲国王西利八儿速喇(Parameswara),在1410年代信奉了伊斯兰教。这正好与和构筑穆斯林网络的时期重合。

在南中国海域伊斯兰化开始不久,首先是这个远征项目的责任者朱棣皇帝去世,接着是指挥者首领和去世。但是,和指挥的南海远征,无疑为东南亚岛屿伊斯兰的浸透提供了契机。

国王改宗,在港市建立清真寺,经商惯习也开始在伊斯兰酝酿。穆斯林商人活跃的环境一经整顿,从印度的古吉拉特邦等地出发,许多穆斯林商人通过马六甲海峡,进出于南中国海。连结印度洋与南中国海的东南亚岛屿,这一时代极其繁荣,被称赞为"通商的时代"。

从印度来航的穆斯林商人主要信仰的不是和所属的哈乃斐派,而是受到印度教影响,具有神秘主义要素的苏菲派。南中国海域居住的马来系,原本居住在印度教世界,所以,与理智的哈乃斐派相比,更容易接受苏菲派。因此,和所扶植的穆斯林网络,不知不觉埋没于马来系人们的信仰中,如同蜃气楼一般消失得无影无踪。

第九节 当代郑和形象

郑和第一次航海为 1405 年,2005 年是郑和航海 600 周年纪念日,中国政府将郑和出港日期的 7 月 11 日定为"航海日"。在习近平领导下的中国政府,提出"一带一路"倡议,作为"一路"的标志,对郑和进行彰显,在航海日举行了盛大的仪式。

郑和下西洋航线

近年,和的船队曾寄航的南中国海、印度洋沿岸诸国,由中国提供资金,整理了关于和的史迹与遗物并进行展览。例如在斯里兰卡的科伦坡国立博物馆,数年前石碑展示室一角杂然放置的和所建立的由汉语、泰米尔语、波斯语三种语种合记的石碑。在 2015 年 8 月,石碑被移入了玻璃橱罩内,下面设立了中国与斯里兰卡友好的板块。2014 年 3 月,报告者的友人在参观之时,据说有和侵略斯里兰卡的内容说明版,但是,2015 年,没有见到这样的说明。

在斯里兰卡南部加勒的加勒国立博物馆里面，设置了中国出资建设的法显、郑和展厅，展出了和的雕像以及在加勒发现的由汉文、泰米尔语、波斯语三种语言合记的石碑复制品。2015年笔者夏季访问这里的时候，这个房间的角落虽然展示了记录提供资金资助的中共中央政治局常务委员刘云山姓名的说明板，但是却刻意用窗帘遮掩着。2014年，前述的那位友人访问之时，据他说并没有窗帘。2015年1月，斯里兰卡总统大选，前保健相迈特里帕拉·西里塞纳出马，与当时任大总统的马欣达·拉贾帕克萨进行竞争，打败了拉贾帕克萨氏，当选了总统。与前总统的亲中政策不同，新政权宣言"与所有国家及国际机关缔结密切关系，强化外交"，倡导改变亲中国的政策。加勒国立博物馆的窗帘，似乎与斯里兰卡政权的政策转变相关。

作为海域学项目的一环，笔者曾于2014年3月去爪哇岛调查，目的地是三宝垄和泗水。在三宝垄访问了三保洞（Sam Po Kong）。进入21世纪后，这里改造成了具有中国风的巨大建筑。印度尼西亚的华人具有非常惨痛的历史，特别是苏哈托时代，受到特别压制，因此，直至1990年代，华人提出建造中国风的巨大建筑物的建议都是非常困难的。进入21世纪后，印度尼西亚政府公开承认印度尼西亚华人的宗教活动的举措是非常明显的。

在本堂里面有个洞窟，被修整得很漂亮，这里曾经是海边，洞窟深处泉水涌动。而且，在和的船队到达这里的时候，曾将生病的穆斯林航海士留在这里。据说这些航海士饮洞窟内的泉水，在向安拉祈祷冥想的过程中，竟然病愈。据说现在祭拜的和的雕像的脚下，有一个盖子，下面是一口水井，泉水在不断地涌动。

在中国式的大堂建立之前，这里是当地伊斯兰教徒的场所。这个洞窟，曾经是一个不通过安拉的语言就可以直接得到启示的地方，因此，伊斯兰神秘主义信徒们，聚集在这个洞窟进行冥想。现在这里改建成了中国风式的建筑。

在泗水，笔者访问了纪念和的清真寺，上面悬挂着"郑和清真寺"的匾额。清真寺用汉语进行表记，下面写了一行"MASUJID MUHAMMAD CHENG HOO"，其中，"CHENG HOO"是郑和的名字。之所以写着穆罕穆德，是因为在云南的碑文中，刻着和的父亲姓"马"。"马"姓的大多数人是穆斯林，据推测，马姓来源于穆罕默德（Muhammad）的穆（Mu）这一发音。这也可以推测，和作为穆斯林的名字为穆罕默德。

本堂旁边有一个雕刻，是爪哇风格穆斯林的和的雕像。2005年以降，在中国等地,增加了关于郑和的各种各样的肖像画以及雕像,大多数为中国风,中国宦官的样子,与此不同的是,这个雕像是笔者初次看到的作为穆斯林的郑和形象。

这个纪念穆斯林的和的清真寺,2001 年成为华人系哈只的代表,原来这里的清真寺,改建后变成了中国风的清真寺,据说这是为了纪念和航海600 周年而改建的。建筑财团以"印度尼西亚、伊斯兰、中华、统一"为座右铭。而且,以"非政治、独立、社会刷新"作为三个行动方针。其中,"非政治"指没有任何目的性,保持中立的立场。

从中可领悟出以下意思,处于印度尼西亚与中国这两大巨大国家权力夹缝中的,居住在印度尼西亚的中国系华人穆斯林,他们的政治倾向不被左右,他们在自己平衡自身天平的同时,必须维持中立、非政治的立场。

从世界看来,现在中国实施的"一带一路"倡议,具有强烈的显示中国国威的色彩,是为了发展中国的海洋政策。作为象征性标志的和的精神被彰显。但是,笔者认为,郑和本人的意图是,为了保障穆斯林海上巡礼的安全,因此,无论对于哪个国家的国民,都为其创造一个能够保证航海安全的海洋秩序。

第三部

海
洋
王
国

数学中的图形问题,经常需要通过作辅助线的方式才能解出答案。在这里,出题的图形,从中国的视野出发来看,是东海与南海合并的"中国海域"的图形。本书就来解释一下关于这个图形的历史问题。

今天世界史存在的一个课题是,17世纪,在东亚圈、东南亚圈的各地,作为近代国民国家原型的政治状态,形成的时期是否一致?在中国大陆,诞生了涵盖蒙古高原、满洲、新疆等在内的清朝。在日本列岛,战国时代结束,德川政权统一日本。在朝鲜半岛,打败了日本丰臣秀吉的侵略,建立了李朝政治体制。在东南亚,印度尼西亚半岛的国家配置几乎固定化,菲律宾为西班牙殖民地,印度尼西亚为荷兰殖民地,马来西亚为英国殖民地,各个领域已经固定。这是为什么呢?在这里,笔者试图解开这个问题的答案。

从17世纪到19世纪中叶的约二百五十年间,在近年的日本历史学界,存在着将其称为亚洲的"近世"的论争,诞生了与近代国家群直接连结的领域,英语叫做早期近代(Early Modern)。但是,各政治领域的社会存在方式,具有很大差异。例如,中国是专制的皇帝统治,日本持续着领主分权的政治体制,印度尼西亚等地作为殖民地,是从外部给予的政治框架。以前的发展阶段论,即试图呈现扎根于各个地域的社会经济发展的历史理论,17世纪政治旋律同调,无法解释迈进近代的理由。

因此,需要做一条辅助线来求解。这就是本书提出的"海洋王国",实际上是不存在的政治主体。从16世纪中叶到17世纪中叶的一个世纪,在东海、南海,"海洋王国"如同蜃气楼一样出现,在史书中留下了若干名字,但是,它并不是以作为国家的明确的实体存在的王国。在这个海域内,中国、日本、朝鲜等陆上执政者,在向如同蜃气楼一样难以捕捉的实体王国迈进的过程中,开展了外交。而且,在创建海洋王国的可能性消失后,产生了不会重新诞生那样的政治主体的默契,于是各自回到陆上,诞生了连结近代的近世领域国家群。

关于这一不存在的实体王国的住民,史书没有很多论述。关于个别的住民,本书来进行清晰描述。住民按照大范围区分如下。主要住民应该是航行在这个海域的船上的水手、船长等。船的形状,有在圆木船的侧面贴了棚板的和船,也有拥有龙骨的帆船,还有欧洲的帆船,按照时代与船主不同而具有多样性特点。乘坐同一艘船的人们,容貌以及语言不同也并不稀奇。异民族杂居,这是海域王国住民的常态。用现代国籍进行区分没有实际意义。但是,若按照出身国来区分的话,有中国人、日本人、朝鲜人、琉球人、越南人、马来人、泰国人、葡萄牙人等。当然,即使是中国人或者日本人,根据出身地不同,相互交流的语言也不同。他们具有航海技术,熟知季风的变化规律,掌握着行船目的地的土地开发情况。出海的理由各种各样。有时为捕鱼,有时为贸易,也有时去做海盗。外交也是航海的目的。即使以贸易为目的出海,若遇见弱势的船只,就会变成海盗去抢掠,这在海上是常有的事,已经不足为奇。

第二种海洋王国的住民,是居住在围绕海域的海滨的人们,他们不畏惧与海洋对岸居住的异境人的接触,不惧怕出海,或者毫不犹豫就会出海。其中重要的是,他们居住在与海域相连的港口,从事交易。若有来自异境的满载物产的船入港的话,从岸边到仓库背货物的劳动者,嫁给海洋男人的女性,在临近中国海域宣传基督教福音的宣教师,迎接船上水手的游郭女性等,都被认为是这个王国的住民。

港町,是与时代共同荣枯盛衰的港口城市。在本书所叙述的时代,留下名字的主要港口有,经过濑户内海连结东欧亚海域的堺、兵库、面临东海的博多、长崎、平户、五岛的福江、鹿儿岛的坊津、冲绳的那霸。在中国,有浙江省的宁波以及舟山诸岛的若干港町,福建省的泉州和海澄。在台湾,有台南。临近南海的港口,有澳门、越南的会安、东南亚的大城府港、马六甲、爪哇的巴达维亚(现在的雅加达)以及菲律宾的马尼拉等。

在这些港口内,大多用沟渠或筑墙与外界隔开。从蜃气楼王国的角度看,港口为了排除陆上势力的干涉,为了防卫才会筑墙,但是从陆上方面看,也认为是为了防止海域王国的不良影响渗透到内地,从而形成障壁。

在海域王国势力强大的时代,前者处于优位。例如日本战国时代的堺,就是典型的例子。在那里,设置了陆上障壁,是为了限制葡萄牙人与当地住民交流。葡萄牙人以中国海域为据点,在澳门岛与陆地之间,明朝建造了城门。江户时代长崎的出岛,陆上政权也实施了封锁海洋影响的政策。这是海域王国的自卫,还是对海域王国的封锁呢?总之,围绕港町的沟渠或者城墙,在作为海洋与陆地的境界这一点上,性质是相同的。在海域王国住民之上,是王国的统治者。这个结构,在海域与陆地的对立过程中,逐渐在发展。

16世纪中叶,海域王国拥有由数百艘船只组成的船队,开始干涉陆地。第五章论述的对象王直,是历史上后期倭寇的头目,他以五岛和平户为据点,自称徽王,试图建立一个政权。在这里,海洋王国逐渐从海洋的雾气中,将其真实的面貌呈现在了历史上。陆地政权,如同日本平户领主松浦氏一样,如同处于海域王国属国的位置,或者如同明朝武将一样,放弃出海叩问海域王国,凭借在濑户内海的海滨一带的机动战斗,阻止来自海域王国的陆上侵略。王直自身,虽然因为陆上的谋略而丧命,但在他去世后,他的愿望得以实现了一半,即海禁政策得到了缓和。

王直去世后,海洋武装商人所要求的交易,达成了部分自由化,中国江南形成网络的中国出身的海洋武装商人的势力退去。为了弥补海域空白,海域王国的主要势力,在 16 世纪后半期,在澳门设立据点的葡萄牙贸易商人,福建出身的海洋商人也进入海域世界。这一势力统治着海洋王国的住民,试图建立一个统一政权,这一构想在 17 世纪前半期,即第六章要论述的郑成功的指挥下有实力完成。但是,由于他过早离世,这种可能性也随之消失。

第五章

王直(≠王锃)

第一节 16 世纪的海域世界

义满与郑和,在向实现各自构想迈进的 15 世纪初,在中国海域,已经能够承认活跃在海洋的人们的活动。但是,这些海洋居民,并未提出与陆地政权对抗的政治构想。海洋居民相对于陆地是被动的,义满的法悦王国,以及和的穆斯林帝国,只不过是其中的组成部分。

在那之后过了一百余年。1537 年,葡萄牙人是从里斯本的码头踏上去亚洲航路的一员。据说葡萄牙人费尔南·门德斯·平托(Fernam Mendez Pinto)的名字原本是改宗犹太人,平托在爪哇岛西部的万丹,邂逅了冒险海洋商人安东尼奥·法里亚(Antonio de Faria)并加入其行列,遭遇了各种各样的事情。平托、法里亚等 16 世纪活跃于中国海域的葡萄牙人,他们的国家意图另当别论,据个人的判断,他们一边冒着危险一边从事交易,因此,称他们为冒险商人更合适。平托根据自己的经验,以及在船上、港町经历的冒险奇谈,写成了《东洋遍历记》流传了下来。

从前后的记载看,那是 1541 年秋季的事情。平托乘坐的法里亚的帆船,从南中国海的海南岛出发,航行目的地是位于东中国海宁波市的双屿岛。也许是在福建建造的,这艘带着隔壁的外洋帆船航行在海洋上,格外引人注目。

在南中国海与东中国海交界的海面上,他们遭遇了一艘南下的帆船。那艘船惯于海盗行为,看到了强者,于是,在大风中一边升帆一边顺风旋转,从斜后方旋转帆桁,发射大炮。法里亚即将要反攻的时候,从对方船上的最上部看到了葡萄牙人的身影。因此,法里亚向对方明示这边也是葡萄牙人,他们大声欢呼,放了一艘小船让葡萄牙人乘坐。

差点儿就交手的对方帆船,正从琉球驶向马来半岛东岸的北大年。那艘船的船主是一位叫做庞江的华人,他非常喜欢葡萄牙的习惯和服装,于是雇佣了三十个葡萄牙人航行。

庞江向法里亚讲述了自己的经历:

> 我曾经拥有许多财富。但是,因为遭遇了几次不幸和灾难,大部分财富都已损失殆尽,所以非常害怕回到妻子所在的北大年。那是因为,我没有得到国王的许可就出了国,所以我清楚的知道自己犯了偷渡罪。

接着,庞江说愿意借给法里亚帆船、部下以及大炮和铁炮,但是要求对方将获得的财货的三分之一分给他,双方当场签了契约。

庞江的帆船有部下近百人,葡萄牙人除了拥有的四十多挺铁炮,还储存着十五门大炮、三十挺铁炮。法里亚向圣福音书起誓,一定会履行与庞江的契约,于是双方立刻签署了带有签名的文件。起誓之时,现场有十到十二个廉洁正直的见证人[1]。

这一情节,在拙著《海与帝国》中也有描写。在这里,对平托的叙述有很多夸张之处,《东洋遍历记》是一部夹杂着虚构色彩的冒险小说,其中描述的事情也许"不曾发生过",但却"应该有过"。但是,与中国等地残留的史料对比,进行慎重阅读的话,学界普遍认为这是记录海域世界历史的一级史料。

在拙著《海与帝国》中,笔者指出法里亚是虚构人物,但是近年来,据葡萄牙学者的研究,发现了法里亚的遗言状,表明他是实际存在的人物。据遗言状记载,法里亚是活跃在从印度、马六甲、中国沿岸到日本海域的商人,据说1548年,他在印度的果阿邦病逝[2]。

平托的记载若反映了真实的史实的话,那么可以看出,在中国海域,华人与葡萄牙人有时相互掠夺,有时则相互联合共同活动。航行在中国海域的各种各样的船只中,诞生了协力合作的秩序,并缔结了契约。这种超越民族和出身,试图对诞生在海上的关系进行统合的政治势力出现的时候,中国

---

① 冈村多希子译:《东洋遍历记》(『東洋遍歴記』)第一卷,东京:平凡社,1979年。

② 冈美穗子:《商人与宣教师 南蛮贸易的世界》(『商人と宣教師・南蛮貿易の世界』),东京:东京大学出版会,2010年。

海域完成了向政治空间的转变。

在华人作为船主的帆船中,组成了拥有铁炮的葡萄牙人队伍。看到这种组合,有没有发现什么特别之处?在那数年后,日本南方的种子岛传入了铁炮。铁炮传来登场的异国船,即便是葡萄牙人乘坐的帆船,但也不是南蛮船,即西欧的帆船。该帆船确认无疑是中国系的帆船。船主是一位叫"五峰"的中国人,铁炮传来始末记载在《铁炮记》中。五峰是往来于东南亚与中国沿海的海洋华商,后来成为倭寇头目,在历史上留下的名字是王直。

众所周知,铁炮在日本立即国产化,加速了日本从中世向近世的转变。中国海域华人与葡萄牙人联手的状况,对陆路的政治影响很大。

将视野扩大到世界范围来看一下。葡萄牙冒险商人法里亚与华人海盗庞江,在中国海域邂逅的 1541 年,正是世界全体由中世向近世转变的开始时期。若介绍一下这一年活跃在世界史上的人物的话,读者也会认同的。

从平托所乘坐的船上,向东旋转来看一下。

在日本的尾张国,作为战国大名嫡男出身的织田信长,展现出了九岁恶童的模样。信长很早就表现出对铁炮的关心,在与葡萄牙宣教师的深入交流中,他产生了占据中国海对面更广阔世界的想法。同时,尾张国出身的后来的丰臣秀吉,当时还是一个四岁左右留着鼻涕的幼儿。秀吉欲实现主君信长未实现的梦想,统一了日本除北海道以外的全域,作为征服中国明朝的计划的一环,侵略朝鲜。按照他当初的构想,目标是以东中国海相邻的港町宁波为中心建立帝国。

渡过太平洋的中南美州,弗朗西斯科·皮萨罗在七十岁前的 1541 年六月遭到暗杀。消灭印加帝国的皮萨罗开始的征服计划,之后也在持续,美洲大陆急剧变化。

大西洋所夹的英格兰,国王由亨利八世继承。以他离婚问题为发端,与罗马教皇对立,1533 年,英格兰宣布成为"帝国",翌年,即 1534 年,亨利八世自命为英格兰国教会长,从罗马天主教会脱离。而且,亨利八世扩张英国海军,为英格兰发展成为海洋帝国奠定了基础。

亨利八世的女儿,当时还只是八岁的少女,在异母弟弟爱德华六世的邸宅生活。1558 年,在国王伊丽莎白一世的统治下,英格兰海军打败了西班牙帝国的无敌船队。

在欧洲中心部,出身于法国的神学者约翰·加尔文,1541 年,在日内瓦开始了神权政治。他在日常生活中严于律己的同时,将职业视为神的赐予,承认蓄财思想,具有资本主义精神。接受加尔文神学的荷兰人,1568年,对强迫他们信仰天主教的西班牙发动叛乱。叛乱之后,为了对抗西班牙、葡萄牙,成为荷兰人直接进入中国海域的要因。

在欧亚大陆内部,三岁即位莫斯科大公的伊凡四世,当时十一岁。六年后的1547年,伊凡四世加冕称"沙皇",建立了俄国帝国。

俄国南部,面临地中海的奥斯曼帝国,在苏莱曼一世的统治之下。他培养海军,将阿尔及尔作为根据地,让海盗归顺,将势力伸向地中海西部,1538年,经过普雷韦扎海战,大败西班牙、威尼斯,以及罗马教皇的联合船队,掌握了地中海的制海权。

苏莱曼一世与哈布斯堡家对立,四十七岁旺盛年龄的苏莱曼一世,于1541年,发动了奥斯曼帝国远征匈牙利的战争。1543年,奥斯曼船队攻占尼斯,奥斯曼帝国的统治范围从埃及扩大到了地中海南岸的阿尔及利亚。但是,奥斯曼帝国的统治,在地中海的活动是由海盗统治维持的。

如此一来,以1541年作为时间点切割世界史的话,聚集了世界全域出现的连结现代的政治构想的人物。那么为什么创造世界史的人物会一齐出现呢?

其答案是,世界开始以海洋为媒介建构,海洋独自的作用,成为促进陆路政治发展的要因。感知到海洋要因的变化而采取政治构想的人物,创造了以后的世界。

首先,以皮萨罗为首的征服者们,渡过海洋将美洲大陆与欧洲大陆连结在一起就是典型例子。从美国将黄金等贵金属与让亨利八世过早死亡的梅毒一起运到了欧亚大陆。至此,与地中海连结的欧洲主轴,向大西洋移动。凭借东方交易积聚财富的威尼斯,开始投资西班牙和葡萄牙。

英格兰的亨利八世,不惧怕被罗马教皇逐出门而离婚,创造了英格兰国教。其理由若单纯因为他不育而没有孩子是解释不通的。作为面临大西洋的英格兰统治者,不得不承认,与欧洲大陆保持距离的政治构想是他所拥有的。实现父亲所描绘的构想的人物,是伊丽莎白一世。她公开承认海盗行为,将其作为私掠船,成为与西班牙战争胜利的关键。

在东地中海,获得奥斯曼帝国强大支援的穆斯林海盗,以罗德斯岛为据点,取代了圣约翰骑士团。苏莱曼一世越过红海,将势力扩大到印度洋。他的构想是,收揽从中国海域经由印度洋、红海到地中海的海域势力,庇护连结中国、东南亚与欧洲之间交易的商人、以及袭击商人的海盗,建立秩序,发展成帝国。但是,这个构想,受到经由喜望峰进出于印度洋的葡萄牙势力的阻扰,因此没有实现。

内陆帝国俄国,虽然是间接的但也受到了来自海洋的影响。俄国帝国的原点莫斯科大公国,将与纵贯欧亚大陆东西的与草原相邻的蒙古帝国囊括其中。这个国家只有实现掌握连结黑海与波罗的海的南北要道的构想,才能够从所谓的"鞑靼的桎梏"中脱离出来。

接受拜占庭帝国的东正教,通过缔结与拜占庭皇帝的姻戚关系,来加深与黑海方面的关系。而且,伊凡四世的父亲,1514 年成功夺取了作为南北路要塞的斯摩棱斯克。

当时的南北交易路线是,从黑海乘船沿第聂伯河而上,在最上流将船和货物从河里拉上来,拉着船越过山丘,在道加瓦河上流让船沿波罗的海而下。船所行驶的路径,接合点的位置就是斯摩棱斯克。伊凡四世扩大了他的构想,成功进出里海、黑海。俄国的当政者在那之后,也将获得临近海洋的港口作为帝国的使命。

在东欧亚(东亚和东南亚合在一起的区域),陆路政权首先建立,树立了中国海域的政治构想。这位树立构想的人就是与葡萄牙人一起来航种子岛,将铁炮传到日本的王直,后来成为了倭寇头目与明朝所排斥的华商。

王直的构想,在他之后,中心人物发生了改变,到 17 世纪中叶的郑成功,也继续着该构想。在与这些海洋世界的政治构想对抗的过程中,1680 年代,形成了包括大清国、日本、朝鲜、琉球在内的东亚国际组织。

第二节　王直的登场

中国史书记录的"倭寇头目王直"这一标识的男人,出生在中国最著名的名山黄山脚下的徽州盆地。王直出生在 16 世纪前半期,但是具体日期不详。王直的出生地徽州盆地,在中国是块特别的土地。翻过山岳,向北到达面临长江的九江,沿着大河而下,能够到达恐怕是当时世界上最繁荣的江南地区,从盆地向东经过富春江,到达江南大都市杭州。徽州盆地走出的众多商人,发挥地域优势,贩卖支撑明朝财政的盐生意,以及江南所生产的生丝、绢织物、绵布等,积聚了财富。

在外地经商成功的人,将获得的一部分财富带回家乡。但是,若是买土地的话,在狭窄的盆地还是无法购入大量耕地。前辈带回来的资金,用于培养年轻商人投资教育。留在家乡的商人妻子,则倾注于子女的教育。

徽州盆地因为是内陆,战祸很难波及。从祖辈开始积累的学术,没有经历战火被保留了下来。在这样的环境中,孕育了有教养的后继者。他们在史书中被称为徽州商人,或者称为与宋代行政区分相关的新安商人。王直就是在这样的文化风土中成长的。与粗暴的倭寇形象不同,王直俨然一副儒者的风范。

从义满与郑和生活的时代算起,到王直的诞生时期,大约过了一个世纪。在15世纪的大约一百年间,中国海域以明朝皇帝为核心的朝贡体制,形成了相对安定的状况。

朱棣派遣郑和等船队,催促临近中国海域的政权朝贡,收到了明显效果,永乐年间许多国家的使节都到中国访问,其中包含琉球和日本。明朝规定了来航船只的登陆地点,其中,琉球在泉州(后来在福州),日本在宁波,东南亚国家在广州登陆。

永乐年间日本勘合贸易的朝贡船,中间包括足利义满去世,共派遣了六次。为了取得与明朝约定的成果,日本逮捕九州沿海等地域的海民,作为倭寇头目献给中国。但是,继承足利义满的第四代将军足利义持,与父亲义满背道而驰,因为没有取得与明朝约定的取缔倭寇的实效,于1411年与明朝断交。

朱棣于1424年去世,继承皇位的第四代皇帝,学习祖父朱元璋,采取与父亲不同的政策,对外采取消极政策,中止了郑和的远征。但是,这位皇帝仅在位十个月就急逝,帝位由他的儿子朱瞻基继承。

朱瞻基沿袭祖父朱棣的政策,才使郑和能够进行最后一次远征。1432年(宣德七年),日本足利义教派遣使船到中国,从浙江的宁波登陆。这些使节除了仪礼的赠答品外,还以交易为目的带来了许多物产。看一下其中的目录,有作为汉方药、染料等的苏木,硫黄、红铜等。[①]

硫黄虽然是日本所产,但是交易物产所列出的苏木,并非日本所产。日本向琉球输出刀剑、硫黄等物产,作为回报获得琉球从大城府等地入手的苏

---

① 《明英宗实录》景泰四年十二月癸未朔甲申。

木。其背后存在着围绕中国海的支撑朝贡体制的交易网络。

进入16世纪,这个朝贡体制开始发生变化。在历史上没有记载的蜃气楼王国的住民出现了。

在历史上留下名字的海洋王国的一位住民,虽为浙江出身,但是在弘治年间(1488—1505),作为未纳商品的补偿被带到日本,他就是宋素卿。

当时在日本,京都室町政权丧失了权威,陷入了以细川、大内有势力的守护大名为中心的分裂状况。各种势力的背后,日本国内形成了围绕交易的两股商人集团的对立,政权落在了以下两股势力的手里,一方为接受派遣遣明船的堺商人为后援的细川氏,以及接受以博多商人为后援的大内氏。

宋素卿精通日本与明朝交易窗口的宁波的事情,擅长交涉。细川氏发现宋素卿的才能,将其收在自己麾下,负责与中国交易的交涉。1514年,宋素卿乘坐细川氏的船舶作为交涉者代表来航宁波。

细川一方拥有勘合贸易的有效期限,对大内一方产生不利影响。而且,宋素卿贿赂市舶司太监,细川方先于大内方检查完贸易品进入市舶司,在宴会上的座次也成功居于上座。事先入港的大内方使节团,被这种方式激怒,袭击细川方,烧毁了接待所,以及细川方的船进行报复,追杀逃跑的宋素卿,他们反复掠杀后逃到了海上,此事件被称为"宁波之变"。

宁波之变以降,明朝对日本加强警戒,严格限制日本与中国之间的交易。明朝对于日本来的船舶严重警戒,无论是朝贡还是交易都开始严格限制。

1526年,在日本发生了改变中国海域历史的事件,就是石见银山的发现。在发现石见银山的境内,日本银的产量大幅增加,从一个进口银的国家一跃成为银的出口国。

日本需要中国的物产生丝,中国渴望日本的银。但是,交易的主流不是依靠帝国的力量,承担中国与日本之间交易的,是民间武装海洋商人。

这样,他们成为16世纪蜃气楼王国的主角。

在日本的银登场之前,触犯明朝的海禁政策而进行的私密贸易,以南中国海域为媒介,增加了与东南亚之间往来的频率。中国进口东南亚产的苏木、以及胡椒等物产,出口陶瓷器。中国的物产,经由东南亚港口城市,向西运到西亚、欧洲。

福建月港成为与东南亚私密贸易的据点。15世纪前半期,漳州的海洋商人无视王朝的禁令,进行海外交易,月港发展成为据点。在成化、弘治年间(1465—1505),月港被称为"小苏杭",也就是说,月港的繁荣程度可以与江南大都市苏州、杭州相匹敌。

进入 16 世纪,经由印度洋进出于东中国海的葡萄牙人,开始出现在月港。回溯到当时来进行一下整理。

葡萄牙第二代印度总督(印度副王)阿方索·德·阿尔布克尔克,在1510 年占据了印度西岸的果阿,作为进出东方的据点,并于翌年的 1511 年进攻马六甲。

马六甲是一个港口城市,郑和的船队曾经以此为据点,往来于马六甲海峡。作为往来于印度洋与南中国海的交易船的避风港,马六甲很繁荣。马六甲的国王向东对明朝朝贡,向西招揽印度古吉拉特邦来的穆斯林商人,作为中转贸易港获得莫大的关税收入。

葡萄牙船队突然袭击马六甲,苏丹逃往民丹岛,建立了柔佛州,穆斯林商人将据点转移到苏门答腊的亚齐,爪哇的万丹,呈现出穆斯林网络的现状。

华人穆斯林以及古吉拉特邦穆斯林,将从西部阿拉伯、印度获得的物产,南部的胡椒、肉豆蔻等香辛料,东部中国产的生丝、绢织物、陶瓷器等,带到东南亚岛屿的港町。

葡萄牙人于 1513 年到达广东屯门岛,1517 年作为国王使者的托梅·皮雷斯从广州入港,要求与明朝建交。皮雷斯受到皇帝的重用,通过宦官谒见了到南京巡幸的皇帝朱厚照(≠正德帝),并与皇帝一行进入首都北京。

但是,留在广州的葡萄牙人因为建筑屯门要塞,贩卖奴隶,使当地的官僚产生了危机感。不幸的是,1521 年皇帝去世,中间人宦官失势而被处刑,失去后盾的皮雷斯被驱逐出北京,投入了广州监狱。

正在那时,里斯本派遣的船队经由马六甲,于 1522 年到达屯门。但是,翌年明朝驱赶这支船队,将其驱逐出了广州。之后,葡萄牙人与中国正式进行贸易的道路被关闭。受阻的葡萄牙商人,与中国海洋商人进行私密贸易,开始在福建月港等地进行交易。

但是,月港有个最大的缺点,那就是与作为中国经济中心地域、生产绢织物、消费外国物产的江南地域不相连。为了补充不足,16 世纪超越月港急速成长的港口,是漂浮于江南地域外洋舟山列岛一角的双屿港。

1524 年、1525 年左右,福建出身的商人将葡萄牙商人招揽到了双屿港。最初管理双屿港的海洋商人,是名唤李光头的福建商人李七,可能李七阵营与葡萄牙商人联手了。

与江南的交易活跃后,徽州商人在作为商城的江南地域形成了交易网落,并集结成为商人集团,伸张势力。继李七之后,掌握月港主导权的是徽州出身的许栋。在倭寇的记录集《日本一鉴》中,记录了许栋在家里四个兄弟中排名第二,与弟弟许三一起到马六甲构筑了交易网络,通过留在中国的许四、许一等人的协助,开展私密贸易。

驰骋于海洋的许栋集团,因为同时具有扎根于陆地的徽州商人和商业买卖行为的习惯,因此,能够很容易将葡萄牙、日本商人需要的中国物产弄到手。在海洋与陆地之间,形成了围绕人材、物资和通货的银的渠道。

以上就是本章主角王直登场的舞台。

第三节　读《王直上疏》

了解一个人格生活的世界,若可能的话,正确的方法是分析他本人记录自己世界观的文章。在中国,对于王朝的犯罪者的人格,其本人的文章很少流传后世。关于参加叛乱的人格,很多情况是在被逮捕后,作为供述书的文字资料可能间接被保留。当然,为了给犯人断罪,从中删除调查一方的不良记载,被歪曲的可能性很高。

王直的情况是稀有的事例,他留下了文章。这篇通称《王直上疏》的文章,记载在《倭变事略》的附录中。《倭变事略》是浙江省沿海地域海宁出身的采九德记录的关于杭州湾岸的倭寇动静的见闻,这个记录可以信赖。

所谓"上疏",是向君主提出建议,将陈述意见列成条目的一种书写方式。王直上疏正式的题目是《陈悃报国,以靖边疆,以弭群凶疏》,题目的意思为"陈述真心报国策,给边境带来平安,抑制凶恶的集团",是具有古语风格的表达。从文体可以看出,王直具有文化素养。

从《倭变事略》看王直上疏保留的原委,如下文记载:

嘉靖三十六年(1557 年)秋九月,王直率领手下数千人出现在中国沿海,然后,他派人到胡宗宪阵营打探明朝复归的可能性。胡宗宪与王直同为徽州出身,是出了名的有气节的官僚,取得很多业绩,并于嘉靖三十三年(1554 年),被任命为浙江巡按监察御史,站到了倭寇政策的最前线。这一时期,胡宗宪为倭寇对策的总指挥。

嘉靖三十一年(1552 年)以降,王直率领巨舰屡败官军,明朝方面为了镇压倭寇的危害,接受王直的要求,让其投降,其立案者就是胡宗宪。试探王直意图的胡宗宪,为了确定内容的虚实,派遣部下蒋洲、陈可愿等到日本王直的据点访问。

胡宗宪派遣使节到达五岛的福江与王直会面之时,王直指出"日本缺乏生丝和绵布,应该开放交易,如果明朝这样做的话可除海患",并派遣一直以来的心腹叶宗满等,与使节随行打探是否有解除海禁的可能性。嘉靖三十六年(1557 年),王直来到舟山列岛,要求胡宗宪通商。当时,王直向明朝提出了以下所述的上疏。

以下是上疏原文的节选,虽为长文但还是登载于此。

带罪犯人王直,即汪五峰,直隶徽州府歙县民。奏为陈悃报国,以靖边疆,以弭群凶事。

上疏开头所示"五峰",是王直的号。直隶是指明朝的副都南京直辖区域,包括现在的江苏省和安徽省等地。

窃臣直,觅利商海,卖货浙福,与人同利,为国捍边,绝无勾引党贼侵扰事情。此天地神人所共知者。夫何屡立微功,朦蔽不能上达,反罹籍没家产,举家竟坐无辜,臣心实有不甘。……

王直在此处记述了自身取缔倭寇的事,实态是他各个击破了对抗的海上势力。经过这个方式他确立了海上霸权。

连年倭贼犯边,为浙直等处患,皆贼众所掳奸民,反为向导,劫掠满载,致来贼闻风,仿效沓来,遂成中国大患。……

这反映了倭寇的一部分实际情况。倭寇连携进行掠夺,还出现了以此为职业的村落。在自我辩明之后终于进入正题。

适督察军务侍郎赵〔文华〕,巡抚浙福都御史胡〔宗宪〕,差官蒋洲前来,赍文日本各论,偶遇臣松浦,备道天恩至意,臣不胜感激,愿得涓埃补报,即欲归国,勋劳暴白心事。

胡宗宪派往王直那里去的蒋洲,与王直一起拜访了九州与山口的领主。对此,待后面叙述。关于日本的情势,王直具有正确的认识,以下开始陈述情报。

但日本虽统于一君,近来君弱臣强,不过徒存名号而已。其国尚有六十六国,互相雄长。往年山口主君强力,霸服诸夷,凡事犹得专主。

旧年四月,内与临国争夺境界,堕计自刎。

这里的"一君"指的是将军,当时的将军为十三代足利义辉(≠源义辉)。而且,山口的君主为大内义隆,大内义隆被家臣陶隆房在长门大宁寺所害,即1551年的大宁寺之变。

> 以沿海九州十有二岛,俱用遍历晓谕,方得杜绝诸夷,使臣到日至今,已行五岛、松浦及马肥前岛、博多等处,十禁三四。今年夷船殆少至矣。仍恐菩萨未散之,贼复返浙直。急令养子毛海峰,船送副使陈可愿,回国通报,使得预防。……(中略)…

"菩萨"是"萨摩"(现在的鹿儿岛)的误记。当时,与王直绝交的武斗派徐海一派,在中国进行掠夺。"养子毛海峰",本名毛烈,是王直的养子,命名为王澉。

接着,他终于表明了自己的构想:

> 如皇上慈仁恩,宥赦臣之罪,得効犬马微劳,驱驰浙江定海、外长塗等港,仍如广中事例,通关纳税,又使不失贡期,宣谕诸岛其主,各为禁制,倭奴不得复为跋扈。所谓不战而屈人之兵者也。敢不捐躯报効,赎万死之罪。

也就是说,王直要掌握中国海域的通商权和治安权。

出豪言可控制日本领主倭寇行动的王直,到底是什么人物呢? 按照本书论述的顺序,首先探讨他的本名,接着明确他在日本构筑势力基盘的过程。

第四节　王直的标识

上疏冒头出现了王直,别名汪五峰的记载。这里所记载的王直,是他的本名吗? 首先,来看一下他的标识。

作为同时代的记录,首先应该参考的史料是《日本一鉴》。这本书籍是为了探寻倭寇对策而调查日本的郑舜功所著。郑舜功接受了当时浙江总督的命令,1556年从广东乘船,到达日本丰后,进行详细调查。在中国历史上,还没有这样认真地调查他国的事情。该书记载了从日本的地理、政治情势到风俗习惯、假名解说、语言采录等,关于访日目的的倭寇情势,也进行了具体的记载。

其中记载的"王直,本名为锃,即五峰"。笔者推测他的本名为王锃,号五峰。关于王直,以下便用王锃来表记。

史料里多见的是王锃的姓为"汪",为何是"汪"呢? 其中一条线索是史料《筹海图编》的《擒获王直》条的项目。《筹海图编》是在胡宗宪指挥下,调查击退倭寇对策实情的郑若增所编纂,是关于倭寇的一级史料。记录逮捕王锃状况的《擒获王直》一项,从以下文字开始。

> 王直,歙人也。少落魄,有任侠之气。及壮,多智略,善施与。以故人人宗信之。一时之恶少,如叶宗满、徐惟学、谢和、方廷助等,皆乐与之游,间尝相与谋,"中国法度森严,动辄触禁,孰与海外乎逍遥哉?"

> 直因问其母,汪妪曰:"生儿时有异兆否?"汪妪曰:"生汝之夕,梦大星。入怀,傍有峨冠者。诧曰:'此弧矢星也。'已而大雪,草木皆冰。"直独心喜曰:"天星入怀,非凡胎。草木冰者,兵象也。天将命我以武兴乎!"于是遂起邪谋。

从这一节看出,王锃的母亲姓"汪"。而且,王锃的出生类似于英雄谈,很有趣。这一出生物语,在王锃以及在他幼时的伙伴间流传,王锃在成为海洋商人集团首领的时候,也许为了加强团结才故意这样传播的。因此,笔者推测王锃自身在那个集团中,采用了母亲的"汪"姓。

王锃自己所记载的上疏里,明确记载着"直隶徽州府歙县民"的本籍地。王锃的人生也是从徽州商人开始,从事食盐买卖生意。盐作为王朝的财源,因为限制了专卖制,因此带有各种增收贿。也许王锃卷入了什么不正事件,所以没有走上正经商人的成功之路。具有金钱授受洁癖的王锃的性格,也许是灾祸之源吧。

成功之路受阻的王锃,1540年赴广东,作为海洋商人开始从事私密贸易。关于这一时期的王锃,"开始成为倭寇的经纪"①。所谓"经纪",就是贸易活动经理部门的总管,负责管理缔结契约、经济决算等工作。作为新安商人,他从年轻时候开始锻炼的经理能力在私密贸易中得到了发挥,构筑了他在海域世界的地位。

王锃的会计账目很精确,因此据说得到倭寇头目的信任。王直这一名

---

① 《天下郡国利病书》原编第二十九册,广东下。

称,也许就是他率直的个性而得来的通称吧。虽然不可能得到证明,但确是有说服力的见解。

"五峰"这一标识,是他的号,与他的据点五岛列岛相关。王锃最初寄航五岛的那一年,是在 1540 年。在那前后,他开始使用"五峰"作为号。

第五节　贩卖武器的海洋商人

王锃在上疏中表明自己是海洋商人,并非倭寇。在广东,从事王朝禁止的海外贸易的王锃,到了东南亚。

据《筹海图编》所载,1540 年(嘉靖十九年),王锃与友人叶宗满一起赶赴广东,建造了巨船,囤积了硝石、硫黄、生丝、绵布等,在日本、东南亚的大城府之间进行交易,五、六年时间,财富积累到了富商的程度。这一时期,王锃开始与葡萄牙冒险商人接触。

王锃所做的事情,成为改变中国海域历史的事件。那就是种子岛传来的铁砲。

关于携带铁砲到种子岛的葡萄牙人的来航时间,有两种说法。其中,距离该事件之后约二十年,葡萄牙人安东尼奥·加尔文出版的《诸国新旧发现记》记载,为 1542 年。另外,距该事件大约六十年后,文之玄昌所著的《铁砲记》,记载为 1543 年。

葡萄牙方面的史料《诸国新旧发现记》记载,从大城府有三个葡萄牙人逃走,乘坐一艘帆船在前往双屿岛途中,遇到风暴漂流到一个岛屿,这个岛屿就是古书里面的"日本种子岛"。这一年是 1542 年。另一方面,日本史料《铁砲记》记载,不知从何而来的船,航行到了种子岛南端的竹崎浦,因为船客使用异样风格的语言,所以无法沟通,其中"有一位大明的儒生,叫做五峰,通过用汉语笔谈的方式与当地人沟通,得知他们是外国商人"。这一年是 1543 年。

至今为止,很多研究者关于这两个版本的相同事件进行了论述。但是,对这两种史料的不同进行详细研究的中岛乐章氏指出,葡萄牙方面史料记载的逃走的葡萄牙人漂流的地方可能不是种子岛,而是琉球。《诸国新旧发现记》里面记载的地方认为是日本,应该是误解。若这一研究结果正确的话,中岛氏推测,王锃所乘坐的葡萄牙人的船,并非因为遇到风暴而漂流到种子岛,而是那艘船行驶的目的地就是那个岛。

从中岛氏的论文中摘录一段引文如下:"种子岛位于从中国东南沿海北上到琉球、西南诸岛,从南九州经由土佐到达畿内的黑潮路线的南海路,从日向滩北上丰后,经由濑户内海到达畿内的分流的结节点。种子岛氏利用这两条路线,活跃开展与琉球、堺、纪州、丰后等地的交易以及人的交流。"据说"通过黑潮路线以日本为目标的华人或者葡萄牙人,首先来航种子岛是很自然的事情"。

据中岛氏的整理,王锃的足迹如下。

1540年,王锃与叶宗满一起,以广东为据点,从事大城府与日本之间的交易。在买卖商品中,受到关注的是包含有硝石和硫黄的火药原料。

1543年八月,王锃与葡萄牙人一起到达种子岛的西村浦,让种子岛领主石尧购入铁砲。

1544年春天,葡萄牙人再度来航种子岛,传来了装枪的技术。

同年四月,有四艘船从种子岛出发,以中国为目标出航。种子岛氏与丰后的大友氏关系密切。因此,大友氏允许要派遣到中国的四艘船停靠在自己的港口。这个船团的第二艘船,八月到达宁波,被拒绝进行朝贡贸易,于是在海洋商人私密贸易的据点双屿岛与中国商人进行交易。

当时,王锃也参加了双屿港的私密贸易集团。

比铁砲传来早一点的1540年,唐船,也就是帆船,来航竹崎浦[①]。不能确定这艘船与王锃是否有着直接的关系,但是在中国海洋商人中间,很有可能共享关于种子岛的情报。而且,1543年,携带铁砲的葡萄牙人乘坐的船,没有迷路直接就到达了竹崎浦。

如果王锃到达种子岛的原因,并非是在海上遭遇暴风雨漂流到那里,而是最初以那个岛为目标航行的话,那么他的动机是什么呢? 回答这个问题的线索,在他所贩卖的商品一览中,包含硝石和硫黄这一点可以发现问题,这两种物质不必说自然是黑火药的原料。

根据化学史的定说,火药是唐代中国的发明,当时的道士为了找到长生不老之药的配方,反复调配试行错误的药方时,将硫黄、硝石与木炭一起调

---

① 佐佐木稔编:《火绳枪的传来与技术》(『火縄銃の伝来と技術』),吉川弘文馆,2003年。

配,发现这一混合物会产生爆炸。而且发现按照硝石量约占百分之七十五,硫黄约占百分之十,木炭约占百分之十五的比例进行混合调配的话,威力更强。

宋代时期,火药的利用范围扩大,在创造了观赏用的花火的同时,为了抵抗北方的辽和金,开始作为武器使用。南宋的时候,首先发明了将火药装到筒中,射出飞行弹丸形式的火器。在宋朝的统治下,发达的火器被蒙古帝国继承,14世纪初期,经由俄国传到欧洲,成为发明大炮和火绳枪的契机。

到了明代,继承了元朝各种各样形式的火器。而且,云南出生的哈只之子郑和所率领的船队,也配备了火器。火器在郑和的船队整顿中国海域秩序的过程中,发挥了威力。而且同时,毫无疑问地,他们也将火药的制法传到了当地①。

火药的原料硝石,确实在中国的西北地区生产。明代编纂的科学技术书《天工开物》的"硝石"条记载:"凡硝,华夷皆生,中国则专产西北。若东南贩者不给官引,则以为私货而罪之。硝质与盐同母,大地之下潮气蒸成,现于地面。近水而土薄者成盐,近山而土厚者成硝。以其入水即硝熔,故名曰"硝"。长淮以北,节过中秋,即居室之中,隔日扫地,可取少许以供煎炼。凡硝三所最多,出蜀中者曰川硝,生山西者俗呼盐硝,生山东者俗呼土硝。"硝石在中国西北生产。如果在东南贩卖而没有得到买卖许可证的话,就被视为贩卖秘密流通品而遭受处罚。……硝石在以下三个地区产量更多。四川产的称之为川硝,山西产的俗称盐硝,山东产的称作土硝。

明朝军队使用的火药,使用这些地区生产的硝石。但是,硝石作为军需物资,受到王朝的管理,没有许可证携带的话,会受到处罚②。

太田氏指出了王锃等倭寇团伙袭击了航行在大运河的船舶,强夺船上积载的硝石的可能性,但是王锃等海洋商人的商圈在中国东南,是否能将大量硝石安定入手,还有商榷余地。

王锃入手的硝石产地,被认为是中国其他地区的后补地泰国。硝石可以使用动物的粪尿为原料制造,堆积的粪尿含有氨,可用硝化菌分解成硝

① 孙来臣著,中岛乐章译:《东部亚洲的火器时代:1390—1683年》,《九州大学东洋史论集》第三四号,2006年。

② 太田弘毅:《倭寇——商业·军事史的研究》(『倭寇－商業·軍事史の研究』),横滨:春风社,2002年。

酸,与粪尿中的盐分反应生成硝石。若气温高的话,反应的速度加快。但是,因为硝石容易溶于水,在多雨的热带雨林地带的东南亚岛屿,生产困难。在泰国有雨期和干期,干期适合生产硝石。

在泰国,自古以来就使用堆积在洞窟中的大量蝙蝠粪便生产硝石。笔者曾经在太阳西斜之时,参观过泰国的考艾自然公园里面的蝙蝠洞窟。为了夜间出去活动,好似黑色带的无数蝙蝠飞出去的情景极为壮观。若走进洞窟中,立刻会有一股强烈的氨臭扑鼻而来。在笔者的记忆中,洞窟地面上堆积着大量的粪便。

科学史研究者在泰国进行田野调查,据说"采访了数个老者,他们称硝石为蝙蝠粪便。也就是说,蝙蝠的粪便与硝石是同义语。将蝙蝠的粪便作为硝石原料的利用程度可想而知"[1]。

王锃首先在中国或者泰国的大城府获得火药原料硝石,然后寻求剩余硫黄的供给源,他所选择的目标就是火山之国日本,日本的萨摩硫磺岛。将吸引南中国海与东中国海的硝石、硫黄交易路线延长,与日本相连接的重要位置是种子岛。王锃的脑海里,会经常浮现出这样的海图。

在堺市的仓库遗址,出土了五个泰国制造的四耳壶,其中两个填充物为硫黄,据说剩余的三个很可能是硝石[2]。因为硝石具有水溶性容易消失,所以只剩下硫黄。

所发掘的四耳壶,比王锃活跃的时代要晚,泰国产的硝石与九州入手的硫黄,装在作为容器的泰国产的壶里进行搬运,可能是王锃想出的方法。

将铁砲传到种子岛,开辟日本火药市场的王锃,1544年现身双屿港的理由,需要从这一时期与王锃同乡的许栋成为交易据点的头目的事情上寻找原因。

1545年,王锃与大友氏的第二艘船同行,到达日本,归途是由博多商人将其带到双屿港。那以后,日本商人充当起在双屿港交易的重要角色。作为桥梁作用,海洋商人集团中的王锃确立了稳固的地位。

达到繁荣的双屿港,突然出现了终结。1548年(嘉靖二十七年)四月,

---

① 加藤朗:《对军事·社会·政治产生革命影响的人造硝石的历史研究》(「軍事·社会·政治への革命的影響に関する人造硝石の史的研究」),科学研究费助成项目数据。

② 续伸一郎:《堺环濠都市遗迹出土的泰国制四耳壶》(「堺環濠都市遺跡出土のタイ製四耳壶」),《贸易陶瓷研究》第九号,1989年。

浙江巡视都御史朱纨派遣军队,出兵扫除了双屿港的商人。这次军事作战极其激烈,军船包围了港口,双屿岛孤立无援,朱纨军队在夜晚猛烈攻击双屿岛。

这次突然袭击,许栋商人集团的重要人物许六等被逮捕,许栋与许四不得不退到东南亚。而且,战斗中被杀害或者在混乱中溺死的人数多达数百人,出海的男人们信仰的祭祀妈祖的天妃宫,以及很多船舶也被烧毁。

执行明朝祖法的朱纨受到官僚的弹劾,这些官僚接受了通过私密贸易获得利益的福建、浙江有名望者的建议。朱纨在上疏中陈述道:"除去外国的盗贼容易,但是除去中国的盗贼困难。除去中国沿海的盗贼容易,但是除去中国衣冠的盗贼却更难"。去外国盗易,去中国盗难。去中国滨海之盗犹易,去中国衣冠之盗难,顶着压力的朱纨,并未改变自己的方针。

1549 年(嘉靖八年)三月,葡萄牙人一现身福建的诏安,就遭到朱纨的突然袭击,朱纨捉获中国私密贸易商人头目李光头等九十六名,并一举处刑。这种强攻政策,震动了与私密贸易相关的人,成为导致朱纨政治失败的原因。朱纨得知被剥夺官职召唤到北京的事情,说道:"即使天子不希望我死,福建和浙江的人也一定希望杀我吧",纵天子不欲死我,闽、浙人必杀我。吾死,自决之,不须人也。于是服毒自尽。[①]

朱纨去世后,与他一起实行取缔强化政策的官僚也失势,对于海洋商人的取缔得到弛缓。其中,活下来的王锃开始扩大自己的势力。

王锃在上疏中,指出了三种取缔倭寇的实绩。关于这一经纬,为了王朝,王锃自我辩护,武装海洋商人中以主权争夺为背景而引起的内部纷争,几乎是实情。

王锃获得明朝的默认,于 1551 年(嘉靖三十年),打倒了以舟山岛的烈港为据点的陈思盼,以这个港口作为中国方面的据点,成功地统一了海上势力。"至此,如果不依赖海上倭寇王直(≠王锃),无法存续下去。直这个名字,开始响彻海上。直以杀害陈思盼的功绩,向定海海关报告战胜的消息,要求开通互市。官司没有许可"[②],从这一时期开始,王锃明确了目的,那就是让明朝承认互市。从 1551 年开始的数年间,得到明朝的默认后,王锃的交易活动开始活跃。

---

① 《明史》列传。

② 《筹海图编》的《浙江倭变纪》。

1548年,中国沿海的海洋商人港口舟山列岛的双屿港,遭到明朝军队烧毁,因此,中国出身的海洋商人很多将据点迁到了五岛和平户。其中,作为领导,指挥全局的人物就是王锃。

他成为领导者地位的理由之一,如前述,王锃在《铁砲记》中被描述成"儒生",具有学识,如他的通称"王直"那样,具有公明正大的判断力,因此他在海洋商人中间具有声望。还有一个理由是,他优先于其他海洋商人,确保了在日本的据点。

1540年,王锃为了设置九州据点来到五岛。五岛的领主宇久盛定,为了与中国的交易能够兴盛而接待了王直,当时叫做深江的台地,位于福江市街区与福江川之间,允许将此地作为王直的居住地。这里后来成为了唐人町,诞生了规模巨大的中国系商人的居留地,在那以后,很多帆船开始入港。

与王直密切相关的史迹是福江的六角井。这口井由六角形的板状石材组成,石材到达水面的下方。根据井前说明板的记载,王锃在五岛福江居住之时,"据说是作为饮料用水、船舶用水而建造的六角井"。

除了福江,位于福江岛北面的户岐也保存着制造简单素朴的六角井。笔者在户岐探访了该井。即使询问当地人,对于那口井也基本毫无所知。终于,在当地老者的引导下,找到了在错综复杂的渔港并排房子深处的那口井。上面覆盖的板石,是组合而成的六角形,探头一看,叠放着玉石。据当地居民说,这口井的水是咸的,根本无法饮用。关于水井建造的时代等线索,根本没有留下。户岐的水井引入水道之后,也只是偶尔用于洗涤等。

这口水井,没有与王锃直接关联的证据。但是,王锃他们海洋商人以五岛为据点的一个理由,无疑是为了确保航海中的饮用水。从遣唐使时代开始,从日本向中国出港的船,之所以一定会停靠在五岛,是因为横渡东中国海的话,这个岛是最后能够确保饮用水的地点。

《筹海图编》记载,日本船出海的时候,一定会在五岛取水。在接近中国的这段距离,没有补给饮用水的地方。"凡倭船之来,每人带水三四百斤,约七八百碗。每日用水五六碗,极其爱惜,常防匮乏也。水味不同,海水咸不可食,食则令人泄。故彼国开洋,必于五岛取水。将近中国,过下八山、陈钱山之类,必停舶换水。所以欲换者,冬寒稍可耐久,若五六月,蓄之桶中,二三日即坏,虽甚清冽,不能过数日也。"饮用水若是冬天的话,可以保存一段时间,但是若是阴历五月、六月的话,两三天就会变质。倭人有个秘法,将泉水烧沸一两次后,灌入瓶中,可以保存一段时间不变质。但是,最多半月,再长时间就无法保存,可以看出在五岛储存饮用水的重要性。

六角形的水井,在王锃的据点平户也存在。而且,六角形石头构成的水井,确实在中国各地都能见到。六角水井,可以站在六角的各边上取水,而且能够同时取水。明代,在繁荣的中国西南部的云南省建水,虽然是圆形的水井,但是却用石柱围成了六角形。一到清晨,卖水的或者做豆腐的人们,一齐到水井取水。五岛在作为中国系海洋商人的据点时期,能够见到类似于五岛的六角井的情景,也是可以想象的。

1541年,王锃来航平户之时,领主松浦隆信像迎接宾客一样接待了他。

松浦家传下来的《大曲记》记载,"有一位叫做五峰的人从大唐(中国)来到平户港,他在现在的印山寺屋敷建造的中国风的街区一落脚,作为他的伙伴的中国商船就络绎不绝的来港,而且,南蛮(葡萄牙)黑船也初次来到平户港。中国、南蛮的珍贵物产逐年增加,因此,京都、堺的商人,从各国聚集于此,这里开始被称作西部的都城"。

日本长崎的唐人屋敷遗迹

印山寺屋敷,在从平户港一下来的胜尾岳山麓(平户市镜川町)。王锃离开平户后,松浦隆信住在了那里。在发掘调查时,在那里出土了中国陶瓷。

在王锃的领导下,在东中国海进行私密贸易的中国系商人开始来航。

而且,像记载的"南蛮黑船来航"那样,王锃还吸引来了在南中国海域活动的葡萄牙人。1150 年 6 月,最初的葡萄牙船来到平户港。平户经由濑户内海与堺连结,经由堺与京都相连。由于王锃的作用,平户成为中国海域世界交易的中心。

被逐出双屿港的海洋商人迁到平户之时,在遥远西方的印度果阿,弗朗西斯科·哈维尔一心在为推进东亚的布教活动做准备。

1549 年,哈维尔乘坐中国商人为船主的帆船出海。哈维尔一行经由中国的上川岛,1549 年,在中国海洋商人的日本方面据点之一的鹿儿岛坊津上陆。从那里进入鹿儿岛,哈维尔拜见了领主岛津贵久,请求允许布教。但是,在那里的布教并未顺利进展。受阻的哈维尔得知葡萄牙船在平户入港,决心访问当时繁荣的平户。

1550 年,哈维尔到达平户下见,与停泊在那里的葡萄牙船的船长进行商谈。他一回到鹿儿岛,就获得了岛津的支持,岛津安排船于八月份再度访问平户。哈维尔一入港,据说葡萄牙船鸣礼炮相迎。松浦隆信也允许哈维尔布教。沿着王锃设置的中国海域的网络,哈维尔能够着手在日本进行布教活动。

哈维尔在平户停留大约两个月之后,以京都为目的地出发,经过博多、周防在堺登陆。在这个港町,结识了豪商日比屋了珪。1551 年 1 月,哈维尔在日比屋了珪的支援下到达京都。在那里与下一章的主人公小西行长的父亲,小西立佐结识。[①]

王锃通过松浦氏,与周防的大内义隆接触。从 1530 年开始,大内义隆将势力延伸至九州,让松浦氏从属于他,计划在中国海域开展交易。王锃在 1551 年(天文二十年,嘉靖三十年),将元代的禅僧中锋明本的墨迹带到了大内义隆那里,该墨迹后来添加了策彦周良的文字,标记着"大明人五峰先生",策彦周良是大内义隆派遣到明朝的遣明使节,曾两次到达中国[②]。

---

① 弗罗伊斯:《日本史》,第三部第四十章。
② 田中健夫:《中世对外关系史》(『中世对外関係史』),东京:东京大学出版会,1994年。

第六节　没有宣战布告的战争

在《筹海图编》里，有广东、福建、直隶（江苏）的区域区别，其中有一项是"倭变"，沿着各个时间系列，记载了王锃等的动向。看到这些我们就会明白，1551 年（嘉靖三十年）打倒陈思盼，王锃站在统一海洋商人的立场，以取得互市的胜利作为明确目的，并开始活动。

为了通过该要求，翌年的 1552 年，突入定海关，封锁官兵的动向后，王锃将从陈思盼处夺回的烈港，作为中国方面的前线基地。如"亡命徒在此日益剧增"所说的那样，王锃在中国开始积极补充人员。

对王锃的动向报以恐惧的明朝，1553 年（嘉靖三十二年三月），得知王锃在烈港停留，猛烈攻击烈港。烈港地形复杂，不容易攻打。因此，参将俞大猷招募熟悉当地地形的人，让其潜入王锃的阵营，从内部放火。王锃的阵营混乱，他们在坐船逃跑的时候遭到事先埋伏的官军的伏击而失败。王锃率领精锐，终于突破重围，逃到马迹潭，但却在那里遭到俞大猷的攻击而失败。

在烈港遭到攻击，让王锃坚定了与明朝全面对决的决心。这就是中国史书记载的"嘉靖大倭寇"的开端。失去烈港之后，王锃纠合剩余人员，攻击苏州、松江等地，以及嘉定、宝山。一个月之后，在长江的港町太仓上陆，经由上海攻击海盐县。他们在这些军事活动的据点柘林布阵，袭击各处官军的据点，讨伐了很多指挥官。

1553 年（嘉靖三十二年）十月回到日本后，又于翌年的 1554 年（嘉靖三十三年）正月再度回到中国，四月，王锃以柘林为据点，攻击了苏州周边的昆山、太仓等地。但是，后来在白马庙被官军大败后，返回平户。

嘉靖大倭寇从来都被认为是以掠夺为目的的海盗活动。但是，这里笔者想评价的是，这是王锃想要构建的中国海域王国与明朝的战争。

所谓战争是什么呢？用克劳塞维茨的话来说："战争是用其他手段的政治的继续"，战争即国家使用军事力、武力的一种外交。以国家作为主体的外交的一种形态，基于战争的这一定义，王锃所指挥的"倭寇"行为，满足以下两点战争的要件。

第五章　王直（≠王锃）

第一，王锃虽然不成熟，但是在平户却逐渐建立了一个王国。待后述，王锃自称"徽王"，以建立一个政权为目标。而且，第二，王锃要求明朝承认"互市"，抱有明确的政治目的。这一政治意图，明朝方面也已认清，以被称为"大倭寇"的状况作为契机，他书写了王直上疏。也就是说，嘉靖大倭寇并非一味的掠夺，并非无目的的行为。

但是，王锃误算了。他部下的一部分暴徒开始不受控制。

在王锃的上疏中，写着"倭贼连年袭击中国的边境，给浙江省和直隶（今江苏省）带来很大灾害"。这些倭贼，是从王锃处脱离的一派。王锃以平户为中心，在九州北部建立了基盘，与此不同，曾与王锃一起活动的徐惟学，与九州南部的萨摩联合，欲建立独立的交易路线。但是，1554年（嘉靖三十三年），徐惟学在交易时被官军攻击致死，他的侄子徐海开始在中国大规模掠夺。上疏所述"倭贼"，指徐海一派。这一群体不仅有南九州的武士加入，很多中国人也在其中。

徐海离开王直后，在江南地区反复掠夺。徐海原来就是无赖的性格，因为叔父徐铨是王锃一直以来的朋友，因此，凭借此关系徐海进入了海洋世界，他并非海洋商人。

徐海等团体，与交易利益相比，执念于通过掠夺迅速获得财富的手段。从日本带来武士，攻击都市，与官军对峙之时指挥队伍，因此，他们并非单纯的盗贼，作为有组织的军事集团，内陆也可能成为倭寇掠夺的范围。

在倭寇活动中，中国各地的无赖，以及对官吏抱有不满的人也加入其中进行掠夺。在沿海地区的村庄，男人们不劳作加入倭寇，满载战利品凯旋而归的话，据说会受到村民的欢迎。

倭寇采用"蝴蝶阵"、"长蛇阵"的阵法（《筹海图编》所收的"寇术"与"倭刀"项目）。

所谓蝴蝶阵，就是在与中国军队对阵之时散开，队长把握时机，若挥舞扇子的话，队员就会挥舞大刀开始拼杀，喊声响彻四方。对峙的中国军队，会瞬间遭到袭击被取首级，据说号令一下，阵形如同蝴蝶飞舞。所谓长蛇阵，是像蛇一样排成一列，领头的高举着旗帜，队员跟在后边，像鱼串一样连结着前进的阵形，领头与末尾都由强者领导着，能够融通无碍地前进，攻击敌阵弱点。

倭寇每天早晨，鸡一叫就起床，蹲在地上吃饭，吃完饭后，司令高座在上面，全员听他的指令。司令手持指令书一边展开，一边指示："今天去哪里劫掠,谁是队长,谁加入队伍。"队伍不超过三十人,各队大约间隔一二里(中国的一里约五百米左右),用法螺贝的声音作为信号,相互连携行动。而且,还有两三个人一队,挥舞着大刀见机行动的机动部队。他们天一黑就返回基地,各自将掠夺的财物上交,不允许隐匿。

在行军之际,以纵队缓慢调整队伍,即使行军数十日也不知疲倦。因为布阵分散,所以能够包围敌阵。面对敌人阵营之时,首先,让一两名跳起来或者匍匐,所以会白白浪费中国方面的弩石、火炮。攻击敌阵之时,他们会等待对方的行动,对方只要一行动,他们就开始出动,长驱直入敌阵,志在必得。战斗若用竹绳设陷阱,必定会让士兵埋伏在各处,从敌阵背后袭击,因此,中国方面的军队大惊失色而败北。

倭寇使用二刀,敌人本来认为会被用枪刺穿,结果却被攻击,动作难以预测。弓很长箭很大,因为他们会在接近敌人之后发射,所以命中率很高。他们所用的刀,有好坏之别,富裕的人不惜大价钱制作刀,而贫困的人则只能使用质量下乘的刀。擅长刀术的人做先锋,所以经常限制好刀的数量。

刀也有大小长短之分。每人拥有一把长刀,这叫做佩刀。长刀的上面夹着小刀,具有各种用途。其中一种是刺刀,长度一尺(约三十厘米),叫做"解手刀"(护身用的刀)。大刀柄长的,因为用于冲锋陷阵,杀伤力强。皮制的刀鞘,背在肩上,可用手直接取用,用于后阵,叫做"大制"。中国兵不习惯两把刀,他们挥舞长刀引起敌人注意,然后用小刀刺穿,击倒对手。

这种"怪术",让中国兵大伤脑筋。这种两把刀的形象,不仅仅是在中国,也是在东南亚拥兵活动的日本人的共通特点。在日本的时代剧中,虽然两把刀同时挥舞的场面很少,但是同时使用两种武器的战斗法,在海外是不寻常的,可能具有攻其不备的作用,被认为是有效的剑法。

从战斗状况来看,虽然称作倭寇,但是这种战斗并非只是盗贼的行为,从上级获得明确战斗目标的指示书,指挥者每天早晨会依据指示书向部下传达命令,整顿组织,多数部队会依据法螺贝的声音行军,战斗时采用蝴蝶阵、长蛇阵,根据不同场合,进行合适的组编,每个队员有机地连携,攻打敌人阵营,领会攻略之事。

关于倭寇的军事行动的记述,可以看出倭寇并不惯于海上作战。虽然称作倭寇,但是中国文献记载的"真倭"(真正的日本人),据说仅占一成左右。根据这种记载,若对王锃他们"倭寇"方面的战斗体制进行再建构的话,大致如下。

战争的目的,由王锃等中国出身的海洋商人决定。他们以让明朝承认"互市"的自由海洋贸易为明确目的。海洋商人为了进行战争,提供向中国沿海地区运送资金和兵员的船舶。王锃等海洋商人支持战争。他们不仅提供资金,而且雇佣战国时代出生的日本武士做军事顾问。武士将有效率的部队进行组编,也将行军的方法和战斗方法等灌输给大多数由中国出身者组成的战斗员。

将海洋商人与日本人军事顾问的立案战略写成指示书,送到在各地活动的司令那里,司令每天早晨向部下的战斗员传达当天的目的和任务。战斗员使用的刀剑、火器也使用海洋商人提供的资金,从日本各地购买。杀伤力强的名刀,也配给前锋剑士。火绳枪当时还不是战场上主要使用的武器,但是,在主要战役中,王锃他们提供的火器和火药,能够左右战斗的胜败。

第七节　构想的幻灭

王锃对明朝发动的战争,明朝方面几乎没有主心骨,那是因为在明朝中央政府内部,存在着两条对立的路线。

其中一派如朱纨那样,是严格遵守朱元璋制定的严禁海禁的"祖法"的政论派官僚,另一方是承认海上交易必要性的现实派官僚。让海洋商人据点破灭的朱纨失势自杀的悲剧,给朝廷内部的派阀抗争造成深刻的影响。而且,当时的皇帝朱厚熜,对政治失去关心,方针不明确,导致局面混乱。

到了嘉靖年间,中国承认海外贸易,如果不进口银的话,经济不能够正常维序。朱元璋所制定的祖法,已经落后于时代。但是,变更原则之时,应该由最高指导者皇帝明示变更的必要性,有时则有必要抑制顽固的正论派。皇帝在放弃这样的作用之时,实行应对现状政策的现实派,会在正论派基础上倡导过激的正论,对于无法应对挑拨策略的政敌,他们会通过煽动皇帝的不信任感,而把正论派赶下台。

在这样的官场很难生存,有时为了保身,如果不舍弃部下,不保持冷静的话,连生命都会丢掉。翻阅中国史,会不断看到这种复杂的政治现象。嘉靖年间,这种中国历史上的官场争斗进入了一个更加复杂的时代。

为了结束王锃所要求的承认互市的战争,皇帝信任的内阁大学士严嵩,工部侍郎赵文华以及当时浙江巡按胡宗宪等组成了现实派。其中,赵文华的名字,在上疏中作为"督察军务侍郎赵"登场。

关于严嵩,据后来的史书记载,他在得到要职之后,在政界贿赂横行。虽未见具体的根据,但是可以想象他从王锃等的私密贸易中获得利益,沿海地区有威望的人也贿赂他,要求他容忍交易的事情。

在烈港遭遇背叛的王锃,以浙江省为中心,渡过江苏与福建,对广大地域展开攻击,明朝也无法应对。明朝正规军的卫所,是作为负责地区防卫为主要目的设置的机构,无法应对王锃所展开的跨省攻击。

明朝方面在 1553 年(嘉靖三十二年)五月,设置统领江南、江北、浙江、山东、福建、湖广总督的职务,让南京兵部尚书张经兼任。张经判断明朝的正规军无法抵抗王锃、徐海等的军事力量,因此,从南方壮族等地征用兵员,强化军队实力。

如此一来,如果张经指挥作战的话,要求与海外进行交易的沿海有威望的人也受到影响。接受严嵩指示的赵文华,一获得监督军务的职务,就要求张经立刻决战。认为决战尚早的张经,并未采取行动。因此,赵文华以张经延误军机为由,进行弹劾。1555 年(嘉靖三十四年)七月,张经被逮捕,判处死罪,十月被处刑。取代张经的人选,赵文华推荐了胡宗宪。

因与严嵩的派阀密切相关而被任用的胡宗宪,并非因为向当时的权力者献媚而出世的人物。若看一下他的业绩,就会明白他是一位能够广用人材,活用奇才的优秀领导者。

徽州出身的胡宗宪,当然会与徽州商人进行交际,他的立场也能够容忍海上交易。首先,他热衷的任务是,对于由王锃开始,徐海等扩大的战争,以有利于明朝方面的形式终结。

胡宗宪为达到此目的,选择并提拔了一个人物。这个人就是蒋洲。[①]

蒋洲的出生地鄞县,也就是是中国自古以来与日本的贸易港所在地宁波。拥有"诸生"这一标识,据说蒋洲本属于科举功名的地方知识人,他热衷于结识游侠,喜欢管乐,平素喜欢饮酒作歌,以及投壶赌博。但是,若一讲

① 以下根据黄宗义:《南雷文约》卷三所收的《蒋洲传》;田中健夫:《中世对外关系史》(『中世対外関係史』),东京:东京大学出版会,1975 年原文采用。神户辉夫:《郑舜功与蒋洲》(『鄭舜功と蒋洲:大友宗麟と会った二人の明人』):《大分大学教育福祉科学部研究纪要》第二十一号,1999 年。

话,就能够看出此人的见识之高,他终日热衷于与人打交道,因此拥有各方面广阔的人脉。

胡宗宪担任浙江、江苏等地的军务后,扩大军营,广招人材。蒋洲的邻人向胡宗宪推荐了蒋洲,"我住的地方有一位姓蒋的学生,如同纵横家(战国时代倡导合纵连横的人)的策士"。胡宗宪因此与蒋洲结缘,将其安置在军营。

蒋洲向胡宗宪陈述了方策,"王直为了航海,而成为中国东南部的祸患。现在与我方在海上征战的都是王直部下的船。我方若不能控制王直,他们就会任意骄横。王直的母亲与妻子、儿子都在我们这边。王直虽然说是谋反者,但是也应该重视骨肉情分。公(胡宗宪)若真心促成信赖关系的话,那就将其作为用兵的方略,除此别无其他了"。

听了这个方策,胡宗宪说道:"妙策"。于是马上向朝廷申请,提拔蒋洲,让陈可愿做副使。而且,恩赦了十余个"亡命海上"的人,作为去日本的先导。所谓亡命海上,是指曾往来于中国与日本之间的蜃气楼王国的住民。

当时,王锃的母亲、妻子被收监在浙江省金华府的监狱。胡宗宪保释了王直的家人,安置在自己身边,让他们自由地生活,配备衣食住等生活必需品,让王锃的儿子给父亲写了血书,信中写道:"幕府长官(胡宗宪)只是想见一下父亲,因为会将意见上奏朝廷,所以不必担心",这封信也添加了王锃母亲的话。

1555年(嘉靖三十四年)九月,蒋洲乘船从定海出港,七日到达五岛。

据《筹海图编》的《擒获王直》所载,胡宗宪指示赶赴日本的蒋洲等人,首先到五岛的福江与王锃的养子毛烈会面。毛烈是王锃的养子,取名王澉。《日本一鉴》里面记载为义兄。

与其会面后,毛烈说:"在日本即使谒见国王也没有意义,有一个人物是徽王,日本人也非常重视他"。

翌日,王锃本人出现在使节住宿的旅馆,谒见了蒋洲等人。王锃当时的模样可用椎髻左衽来形容。关于王锃的容貌,所谓"椎髻",本是古代中国南方异民族的风俗表现,是指将发髻梳到头后方,所谓"左衽",是指衣服的衽在左前(从相对的人那边看,襟在左边)面。这种表现是汉族描述周边异民族风俗时的套话,并非是使节所见。但是,王锃以明朝统治下的汉族不同的姿态,出现在使节面前。若不是明朝人装束的话,考察王锃所处时代的状况,只能是战国时代日本男性的装束。战国时代的武士,一般梳着月代发型,即梳着所谓的丁髷的可能性很大。

而且,王锃的样子被描写为:

　　旌旗服色拟王者,左右簇拥。

也就是说,王锃的旗帜、服装与王者很像,左右跟随很多部下。

以日本为据点的王锃,号称徽王,他以自己的出身地,命名了此称号。

以明朝作为对象的标识,这一称号是从王朝自立出来的宣言。同样,在《筹海图编》记载的"浙江倭变记"的"王直伏诛"条,写道:"在五岛与松浦,号称徽王。"这一称呼作为否定王朝权威的行动,是僭称王号的表现。为了体现国王的风范,旌旗采用了"王"的风格,而且很多部下围在其左右。

了解当时王锃模样的线索,可以从《朝鲜王朝实录》看到(明宗十一年四月己丑朔日条,1556年)。作为从对马的宗氏带来的情报,记载着:"中原人(中国人)号称五峰的人,率领日本人攻击明朝……在平户岛见到了他的样子,率领着三百余人的大船,平日里穿着华丽的绸缎,拥有两千人的部下。"

蒋洲等使节,将王锃母亲和儿子的书简,亲手交给了王锃,并转告他"如果回到中国的话,以前的罪可以赦免,而且,会缓和海禁承认东夷(日本人)的互市"①。

日本平户松浦史料博物馆前的王直像

而且,蒋洲告诉王锃,"你不必担心祖先的坟墓,不必因为老母与妻儿而伤神。国家(明朝政府)现在要解决东方的危机。在这个时候,千万不要再派遣兵员做犯险的事情,如果能够在海上为明朝尽忠,你的功绩会刻在石头上万世永存。取得官位被提拔,除了你还会有谁呢。如果不这样做的话,你想,日本人的性格既贪婪又狡猾,国家的绢织物是无限的,若以此作为悬赏的话,可以买你的命。你即使远离这里,(对明朝政府而言,这里)如同庭院一样。"②蒋洲巧言说服了王锃。据说王锃听到此话深表赞同,并与蒋洲一

---

①　《明实录》嘉靖三十六年十一月己卯条。

②　黄宗义:《蒋洲传》。

起吃饭,赠给他衣服,秉烛夜谈。

从王锃看来,承认互市这句话,等于达成了他对于明朝战争的目的。王锃为了确认胡宗宪是否诚心招抚他,派养子毛烈与副使陈可愿一起先回中国试探。

出生在自古以来就是与日本的贸易窗口宁波的蒋洲,也精通海上交易的事情。他从为了参加科举而学习的四书五经和诗文,到酒席上听到的世俗话,话题广泛。熟悉海洋生活,而且具有教养的王锃,与蒋洲非常投缘。王锃陪着蒋洲,从五岛到达了平户。

蒋洲除了推进与王锃交涉的使命外,胡宗宪还指示他一个任务,就是要求日本国王(室町将军)禁止倭寇。

关于这点,精通日本事情的王锃指出:"日本虽然在一个君主的统治之下,但是近年来君主势力弱而臣下势力变得强大,君主的权利已经名存实亡。日本分为六十六个领国,互相竞争。"①他奉劝蒋洲说,为了见室町将军而去畿内,是徒劳的。

蒋洲访问日本之际,日本正处于战国时期下克上的状况之中。将军足利义辉,败于在畿内势力逐渐扩大的三好长庆,逃到近江,马上就不是日本国王了。王锃在掌握以日本平户为中心的交易的同时,也密切关注日本情势。

蒋洲身上带着明朝皇帝给日本国王的檄文,其中写道:

> 王若能守祖宗之大法,思圣朝之厚恩,愤部民之横行,严加约束,不许私自出没海洋,侵扰中国,使边境宁静,衅隙不生,共享和平之福。本司即为王奏闻天子,必有旌劳之典,史册书美,光传百世,岂不快哉!

谈及应该将檄文交给谁时,王锃举荐了在九州一带势力逐渐强大的大友义镇。

西日本山口周防国的大名大内义隆,从 1530 年开始,在九州北部扩张势力,成功掌握了与中国的交易。如前述,王锃欲与义隆接近,赠送了中国禅僧的墨迹。但是,1551 年,义隆因为自己的重臣陶晴贤谋反而自杀(大宁寺之变)。

这个事件的结果,使九州、中国地区势力的平衡发生重大改变,丰后大

---

① 《王直上疏》的一节。

友义镇的势力扩大。大友义镇接受陶晴贤的建议,将弟弟大内义长作为大内家的新当主送入大内家。这样就将北九州服从于大内家的国人,成功地收在大友家麾下,从而将博多置于势力范围之下。

王锃与大友义镇之间的关系,如同前面论述种子岛铁砲传来时已经言及的那样,接点被认为是 1544 年。王锃搭乘大友氏的交易船,由博多商人带到作为私密贸易据点的繁荣的双屿港,在大友义镇试图推进海外贸易的地点,能够见到王锃的身影。

新的一年的嘉靖三十五年,日本年号是弘治二年,王锃与蒋洲一起赶赴博多。四月,在丰后与大友义镇会面,蒋洲将檄文交给了他。义镇读了明朝皇帝的檄文,感动反省的同时,承诺向明朝朝贡并取缔倭寇。大内义镇派遣取缔倭寇的船,铲除了在那个势力圈内的筑前、肥前等五十三个地方的海盗势力。

而且,在五月,大内义镇为了向成为山口当主的弟弟大内义长传达明朝的意图,特意向大内义长那里派遣了僧侣作为使者。[1] 大内义镇向"天文王"那里送了加急书简,十二月,天文王向周防、长门等十二个地方下达指示,传达禁令,据说对马、萨摩的恶党们也惧怕了。[2] 这位天文王,从文脉上看,是足利义辉。这一标识的由来,也许是因为义辉出生在天文六年。蒋洲带到对马的用竹纸书写的檄文,现在收藏在东京大学史料编纂所。

王锃在《王直上疏》中夸口道,他将与蒋洲一起,让西日本的领主们断绝与倭寇之间的关系。这显示了王锃在日本根深蒂固、稳定的人脉关系。蒋洲也表示了再建日本与明朝朝贡关系的可能性,他应该是突然间看到事态取得了进展才会如此承诺。

以让明朝承认互市作为前提,他们保证在一年内,在丰后大友义镇的势力圈内肃清倭寇。翌年的 1557 年(嘉靖三十六年,弘治三年)四月,王锃与蒋洲一起出港松浦,在他们乘坐的数十艘海洋船里,有大友氏作为使节派遣的僧侣德阳等四百人,还有以逮捕倭寇为理由派出的在日本的六百名中国人。

从日本来的使节,携带着大内氏所持的盖着"日本国王之印"的书简。根据明朝方面的规定,从日本送给明朝皇帝朱棣的书简里面,有必要使用朱

---

① 《明实录》嘉靖三十六年八月甲辰条。

② 黄宗义:《蒋洲传》。

棣送给义满的金印。但是,因为战乱金印丢失。大内义长所使用的印鉴,是木制的替代品,因此不符合明朝的规定。这个印鉴收藏在毛利博物馆,放置印鉴的印盒,是明朝制作的东西,推测是明朝赠送给义满的东西。

渡过东中国海的船队,在定海关登陆。七月,蒋洲首先与僧侣使节德阳进入中国本土宁波。但是,王锃所乘坐的船,因为遭遇台风而漂流到了朝鲜。从这里,王锃的命运发生了改变。

到达宁波的蒋洲,地方官员要求贿赂,但遭到了蒋洲的拒绝。怀恨在心的官员们,见到蒋洲没有带王锃回国,故弹劾他没有达成派他到日本的目的,而且,弹劾他与日本领主有约定。而且镇压倭寇的报告没有事实根据。不久蒋洲入狱。在这个不良的时机,王锃到达了舟山列岛的岑港。

王锃派遣事先回到中国的养子毛烈到胡宗宪那里,"我们是奉明朝的命令而来,迎接使者应该感谢我们的苦劳,却不允许我们将货物卸下,而且还处于严重的警戒体制之中,您是打算欺骗我吗?"毛烈表示不满。对此,胡宗宪答复道:"因为有国法的规定,所以我无法徇私,约定之事难以实现。"

王锃觉察到了胡宗宪如此明哲保身的姿态所体现的不信任感,于是将胡宗宪统治下的官员作为人质,为了能够应对突发状况,他委任毛烈为舰船的指挥,亲自拜访了胡宗宪。在胡宗宪面前表示感谢,王锃寻问了是否打算判处蒋洲死罪,"与蒋洲奔走之事导致他徒劳死去吗? 因为我们的努力,海域不是变得平安了吗?"胡宗宪努力安慰王锃的辛劳,辩解道:"为了伪装,只能假装将你投入监狱,你与我不是同乡吗,实际上,派蒋洲作为使者到你那里,我也本打算允许互市,并赠与你官位的。"

王锃在这些话中感觉到了一丝真意,于是王锃决定赌一下自己的命运。这样,胡宗宪决定将王锃投入监狱,胡宗宪礼貌对待狱中的王锃。这件事,成为了祸根。

如果承认互市,让王锃管理在海上活动的蜃气楼王国的住民,能够恢复海上的安定,现实派官僚胡宗宪是这样想的。但是,朝廷的论争分成两派,而且发生了纠纷。正论派主张维持祖法,应该对王锃处刑,而现实派则主张根据实际情况,应该招抚王锃。

一时间,有一个流言蜚语在迅速传播,是说胡宗宪收受了王锃的巨额贿赂,才厚待王锃。

这件事导致了王锃的死亡。惧怕身处险境,明哲保身的胡宗宪逃走了,他背叛了王锃。嘉靖三十八年(1559 年)在杭州,王锃被处刑。

《上疏》所示他的构想如下：

大内义隆自杀后中断的勘合贸易，在王锃的周旋下，作为日本方面的窗口统合大友义镇，对于中国，以作为同乡、拥有徽州商人人脉网络的胡宗宪为后盾，让其承认与日本的交易。王锃依靠武装船团的威力，维持海上治安，独占日明交易的利益。用交易所得到的利益来养海上武装船团，构筑一个中国海域的海上政权。

这一构想，被数十年后的郑芝龙、郑成功父子，逐渐改变形式而实现。

第八节　当代王直形象

在日本，对于王锃给予了很高评价，他在日本的铁炮传来，以及日本的对外贸易方面，发挥了重要作用。在王锃的贸易据点长崎平户，建造了王锃的石像。而且，五岛列岛的福江有个明人堂，曾是居住在唐人町王锃部下的中国人参拜的祠堂。笔者在 1990 年代访问福江的时候，这个明人堂只不过是一个小型木造的建筑物，在 1970 年代，这个建筑物因为河川改修而被迁移，地点从原来位置移动了十米左右。

1998 年，在浙江商工会议所等机构的组织下，由市民募捐对明人堂进行了修建。当时，明人堂建设促进委员会的会长才津为夫氏这样说道："明人堂的改建，不仅为了新型的观光设施而建造，王直是民间贸易的先驱，是福江开港的恩人，重视中国人的祖先也是一种国际交流。"[1]改修之际，石材等原材料都是从中国采购，中国风的石瓦以及壁画等，也是出自中国工匠之手。现在，这里改建成为了一个中国风的祠堂。

明人堂里面保留有无缝塔和石碑。据说无缝塔是王直祈祷之地。另外，石碑（包括基台有 117 厘米）上刻着"玉法童女·生净土"的字样。作为民间传承，据说在王直离去之后，童女思慕与王直一起去中国的青年，于是一边鸣响清澈的铃声一边在祠堂生活，成佛之后，铃声七天七夜不绝，在远处也能听到。这个石碑就是童女祭拜的碑。

---

① 《长崎新闻》1998 年 6 月 1 日。

　　明人堂与王直渊源深厚,被改建成中国风建筑,童女的故事也与王直的命运息息相关。但是,这个祠堂与中国人的关系,极其暧昧。随着河川的改修,在明人堂迁移工程进行之际,发现了三具人骨,于是长崎县文化课邀请长崎大学的坂田邦洋氏进行调查。结果证明,人骨并非中国人的人骨,而且,推测无缝塔与石碑是江户时期建造的。坂田氏在调查报告的结束语中写道:"祭拜明人堂的美丽传说,按照这次调查报告的结果,虽然事实都被否定,但是传说作为传说,还是希望被传承下去。"①

日本平户的六角井

　　与王锃相关联的史迹还有六角井。众所周知,六角井是在福江的市街地,但是除此之外,位于福江岛北部的户岐,也保留着建造简朴的六角井。因为放送大学去当地取景摄影,笔者探访了户岐的六角井。即使询问当地人,也基本不知道水井的存在。终于在一位老者的引导下,找到了位于复杂的渔港里并排房屋深处的水井。地面上的板石是六角形组成的,窥望进去的话,叠放着玉石。据居民所说,这口井的水是咸的,基本不能够饮用。水井建造年代等线索,也没有留下。

---

　　① 坂田邦洋:《福江市明人堂的调查》(「福江市明人堂の調査」),1973 年。感谢五岛市教育委员会提供阅览便利。

六角形的水井,在王直的据点平户也存在。而且,六角形石制结构的水井,在中国各地到处可见。在市街地的水井,现在被金属网围着,也看不到打水的场景,户岐的水井被引入水道,据说只是用于洗涤。本来这样的六角井,站在六角的各边都可以取水,还可以同时进行作业。在明代繁荣的中国西南部的云南省建水县,将本来是圆形的水井,用石柱隔成了六角形的水井。到了早晨,卖水的或者做豆腐的人们,到井边一齐取水。在五岛设置的中国系海洋商人的据点,虽然可以想象在水井一齐取水的情景,但是水井与王锃的直接关系的线索,却一点也没有留下。

在安徽省歙县拓林村,为了彰显日本长崎县五岛出身者王锃,他们提供资金在"王氏祖墓"的两侧立了石碑。祖墓左侧的碑文,用日语记载着王锃在日本的功绩,右侧的芳名塔用汉语记载了福江市(现在被合并,属于五岛市)与黄山的友好关系,以及福江市建造的与王锃相关的"明人堂"的事情。

2005 年 1 月,发生了一个事件,浙江丽水学院与南京师范大学的两名教师,用斧头劈开取走了刻着王直名字的墓碑,以及记录着日本人名字的芳名塔。

从石碑削除王直名字的两位教师,对于王直的评价有不同认识,他们表示:"与外国人联手侵害本国的利益,如同汉奸、卖国奴。王直在 16 世纪,与日本的武士和商人联手,侵略中国东南沿海的行为,与卖国奴无异。"

这一事件在中国国内引起了争论。持冷静态度的评论《京华时报》,刊登了几个专家的见解。在这里译出一部分如下。

中国明史学会会长张显清,关于倭寇的性格,指出历史学会有两个观点:"新登场的观点是,倭寇为当时的东南沿海带来了资本主义的萌芽,开展沿海地区的通商,从历史进步的视点看,应该持肯定的评价。另外一个观点是否定的评价,也是学术界的主流观点。"

关于张显清自身对此事的学术态度,他指出:"当时倭寇的主体与起源是日本的海盗,日本政府支持日本海盗,倭寇在当时我国的东南沿海进行杀戮、掠夺,给中国带来了巨大的迫害。王直原来本是私人商人,后来性质发生了改变,与倭寇勾结成为海盗,组织武装集团。王直成为倭寇的首领,是他倭化的证明。从这一点看,不能够肯定、追忆王直。"

复旦大学历史系张海英教授的观点如下:"在明代正史中,王直的罪状是将其作为日本倭寇看待的。但是,从我的角度看,王直当时扮演了武装私密贸易商人的角色。当时实行海禁政策,在沿海虽然客观要求对外贸易,但是因为政府一律禁止,所以,认为有必要进行对外贸易的王直那样的商人,被逼无奈只能那么做。"

在这个新闻报道最后的律师评论中,指出了教师擅自取走石碑的行为,构成了轻微的犯罪,同时指出,如果认为墓碑损害了国家的品格的话,应该通过合法的途径解决。①

这里介绍新闻报道的意图,绝不是为了介绍中国的反日情绪,而是感叹于历史人物评价的难度。

明史学会会长评论中的"资本主义萌芽",是指在中国历史上内在的资本主义产生契机的这一假说下,在前近代的中国所出现的商业、产业事象的萌芽。从促进了中国沿海地区交易发展这一点来看,积极地评价倭寇的这一观点,是在1980年代以降,在中国实行的改革开放政策的社会背景下,学者们提出来的观点。其中,代表性的研究成果,有林仁川的《明末清初私人海上贸易》②。

在这种对于倭寇肯定评价的基础上,张显清氏自身指出倭寇的侵略性,遂对此持否定评价。从"日本政府支持日本海盗"的言论来看,能够看出他评价的路径。这个评价也许可以说是以中国与日本的近代民族国家构成的现代世界为前提。倭寇在中国东南沿海开展海盗行动的16世纪中叶,日本还没有形成统一的日本政府。因此,张氏的评价是不成立的。

另外,复旦大学张海英的评论,是在以现代作为前提的世界和王直所生活的那个世界的差异的基础上来认识的。从"在沿海客观要求对外贸易"这个言论可以看出,这种"客观"的话语,与主观世界分离,张氏所要表现的是当时固有的世界是作为事实存在的。但是,那个客观世界,与王锃生活的世界存在差异。若想理解王锃,有必要走进他的世界,分析他所拥有的构想。

---

① 《京华时报》2005年2月3日。
② 林仁川:《明末清初私人海上贸易》,上海:华东师范大学出版社,1987年。

第六章

郑 成 功

第一节 海域动向

葡萄牙贸易商人和耶稣会宣教师,与澳门、九州的平户、八代、丰后、濑户内海相邻的堺等地的势力相联合,在中国海域欲创造"神的王国"的时期,新的势力出现在中国海域。在郑森出生的大约一个世纪之前,1521 年,从大西洋经由南美大陆的南端横渡太平洋,麦哲伦率领的西班牙船队,到达了菲律宾群岛的宿务岛。16 世纪中叶,西班牙人将这些岛屿与国王菲利普二世相关联,于是将其称为菲律宾,打算将此地作为进出亚洲的据点。

菲律宾远征队首先于 1565 年,占据了宿务岛作为据点,从这里向东派遣舰队,发现了横渡太平洋的从亚洲到美洲大陆的航路。为确保连结美洲与亚洲的来往路线,菲律宾终于成为了西班牙的殖民地。1571 年,以西班牙领地菲律宾为据点,西班牙在天然良港吕宋岛的马尼拉建设了根据地。

1573 年,从马尼拉出发的第一艘船,到达了面临墨西哥太平洋的港町阿卡普尔科。在那之后,西班牙开始了跨越太平洋的交易。从阿卡普尔科将波托西银山出产的银运送到马尼拉,从马尼拉出港的船满载中国的绢织物与陶瓷器,这些中国物产吸引了美洲的西班牙人。

在中国海域,也调整了吸收跨越太平洋的银的条件。从马尼拉出港驶向中国的交易船,径直驶向允许互市的福建省的海澄港(曾经的月港)。银在这个海港运上陆,归路则满载大量的绢制品和陶瓷器。担任马尼拉与海澄间交易的是华人商人。马尼拉在海域世界的重要性突显,很多华人开始定居于此。

日本的海洋商人们,在西班牙建立马尼拉据点之前,就在与菲律宾往来。马尼拉在成为与中国交易的据点不久,禁止来航中国的日本商人也奔赴马尼拉,入手中国产的生丝等,这里也成为了日本人的城市。

1584 年,从马尼拉出港的西班牙商船,尾随驶向长崎的葡萄牙船到达九州,为避免与葡萄牙人的冲突,该船没有登陆长崎而是选择了平户。领主松浦镇信迎接登陆的商船并款待了他们,而且向菲律宾长官递上信函并要求交易。这是西班牙人初次来航日本。

马尼拉的西班牙人,与葡萄牙的贸易商人气质迥异。葡萄牙贸易商人已经习惯于海洋王国的住民,他们也会乘坐王锃等中国出身的商人组建的帆船,而且不顾及民族以及出身地等问题,会相互协助进行活动。与此不同的是,西班牙人对华人不抱有信任感,而且试图领导华人。

1603 年 10 月,在西班牙统治下的马尼拉,发生了虐杀中国人的事件,有两万中国人被杀。其中的原因之一是存在误解。宦官在马尼拉湾采掘所得的金银,因为没有实情上奏给明朝皇帝,明朝为了确认真伪,遂向马尼拉派遣了使节。这次使节来访,西班牙人认为明朝是为了攻击马尼拉,所以特意前来收集情报,因此,对中国人进行强制取缔。这招致了中国人的暴动,发展成了大虐杀事件。从这个事件的背景可以看出,西班牙政府曾试图在海洋上掌控和管理中国海洋商人。

而且,与葡萄牙人和耶稣会的关系不同,西班牙人与不承认修道士私有财产的托钵修道会的说教者修道会,以及小兄弟会关系密切。1600 年,罗马教皇正式承认在日本的所有修教会的宣教活动,但日本当时只认可耶稣会,于是,他们从马尼拉派遣教者修道会与小兄弟会的宣教师到日本,在鹿儿岛等地进行布教活动。在中国海域,以澳门为据点的耶稣会势力衰退,以马尼拉为据点的托钵修道会的势力在中国海域扩张起来。

对中国海域主角的位置虎视眈眈的不仅只有西班牙人,1602 年设立的荷兰东印度公司,也在中国海域登场。1619 年,荷兰在爪哇设立了据点巴达维亚,封锁了马尼拉,捕获华人的帆船,而且在 1622 年,镇压澳门的葡萄牙人,欲将澳门作为亚洲交易的据点,向那里派遣舰队。但是,这遭到了葡萄牙人的抵抗,所以没有成功。同年七月,荷兰舰队北上,在大陆与台湾之间的澎湖岛登陆,欲将此地作为贸易据点并建设要塞。

另一方面,荷兰人在 1622 年 10 月下旬,在位于台湾西南部的小砂州也建立了要塞。当时的台湾,西洋人称其为福尔摩沙。若通过这个要塞对面的狭长水道,眼前就会呈现波涛平静而宽阔的海面,这里是台江内海。进入这个内海的水路,尽管北方有个叫做鹿耳门的水道,但是因为那里多浅滩,只能行驶小型渔船等,大型帆船要通过是非常困难的。这个内海的对面,就是安平。现在的台南市,当时叫做大员。

郑森出生的日子向前回溯大约一个月,1624 年 7 月 30 日,明朝派遣舰队到达澎湖岛,大军逼近,荷兰人从澎湖岛撤退,他们以这个大员作为据点,加强遏制进入海港的航路要塞,按照舰队的旗舰船的名字,将该要塞命名为热兰遮城。翌年的 1625 年,他们与原住民进行交易,赠送给他们十五匹绵布,从对方那里换取河边的土地,兴建了东印度公司从业者的宿舍、诊疗所、仓库等设施。在这个居住区里面,兴建了城堡,命名为赤嵌楼。

第二节　郑成功的生涯

对于西班牙、荷兰势力,即使是原来海洋王国住民的华人,也不是个体商人任意进行交易,而是有组织的交易活动。这其中的中心,就是从福建省南部出世的称为安平商人的商人集团。1570 年代,福建的海澄成为互市体系的中国方面的中心,安平商人起到了促进作用。

福建省南部,山脉接近海洋,耕地面积狭小,据说在那里,十户人家有七户要到外地从事商业。安平商人的商业圈波及到了南京、大运河的要塞临清,江南的大都市苏州、杭州。而且,很多人居住在日本的长崎、平户,从事日本与中国之间的交易。

在历史上留下名字的安平出身的海商,有一个叫做李旦的男人。刚开始,他在马尼拉进行交易,但是不久他将据点转移到了平户,在海域世界扩大势力。他从江户政权获得了朱印状,向越南的东京、吕宋等地派遣船舶,在开展交易的同时,也派遣朱印船到台湾,将台湾作为中国和日本之间的中转站,利用台湾的地理优势采取措施。而且,他袭击中国本土与台湾之间航行的船舶,企图独占经由台湾的交易路径。

继承李旦事业的是郑森的父亲郑芝龙。1621 年,郑芝龙到达日本,取得了李旦的信任,并与李旦结为义理上的亲子关系。1625 年,李旦在平户去世，郑芝龙继承了其全部资产。而且与此同时，叫做颜思齐的海洋商人在台湾去世，据说郑芝龙继承了他的船队。

继承李旦和颜思齐海上势力的郑芝龙，1626年，在中国福建的沿海地区开展武装活动，逐渐将竞争对手收入自己势力之下。当初只有百十艘的舰船数目不断增加，翌年的1627年，他已经拥有数百艘的船队，而且打败了荷兰船。1628年，他占领了厦门，明朝招抚了他，并授予他海防游击这一沿海警备的职务。

郑芝龙不断驱逐海盗势力的功绩，使得他的官位逐步提升。他协同明朝将其他势力从海洋驱逐，完全掌控了东中国海的制海权。这样一来，郑芝龙实现了王锃的构想。

作为郑芝龙儿子的国姓爷，即被后人怀念的郑成功，1624年8月27日，出生在日本长崎的平户，日本年号为宽永元年，中国明朝的年号为明朝天启四年旧历七月十四。虽说季节是初秋，但是阳光强烈。他的母亲是日本人，田川七左卫门的女儿阿松，那个时候，她二十三岁，据说他的母亲在平户的千里滨时，感到了生产前的阵痛来不及返回，于是为了避人，在由若干石头堆砌而成的石头壁垒后面，产下了郑成功。

日本平户千里滨的郑成功儿诞石

日本平户郑成功纪念馆及郑成功母子像

日本平户郑成功庙的郑成功像

出生的孩子,日本名被命名为福松,本名为郑森。他中国的原籍,是父亲家乡福建省南部面临台湾海峡的石井镇。在平户成长起来的郑森,1630年,也就是他七岁的时候,由叔父郑芝燕从日本平户带回福建,在家庭教师的指导下,以科举为目标勤学。1638年,他通过了科举最初的考试,成为南安县学的生员,而且,为了准备能够成为官僚的科举考试,他到达南京,1644年,进入南京国子监太学学习。

但是,他并没有成为官僚。当年 4 月(崇祯十七年三月),李自成率领起义军攻陷明朝的都城北京,在那之后,在东北亚扩张势力的清朝军队进入北京,打败了李自成部,以统一中国为目标南下。

翌年六月,清军打败了在南京的明朝政权,郑森无奈返回福建,父亲郑芝龙在福建拥立皇族的唐王朱聿键为隆武帝。

1645 年,隆武帝赐给郑森皇室的姓氏"朱",并为其改名为"成功"。1646 年,隆武帝被清军逮捕去世后,父亲郑芝龙投降了清朝。父子分道扬镳,郑森决意复兴明朝,奉在广东省肇庆被拥立为帝的朱由榔(≠永历帝)为正朔。

郑森一生从未谋面的皇帝,在 1655 年,授予郑森延平王的爵位。从那时起,郑森组建了自己的政权,将厦门改为"思明州",作为活动据点。"思明州"即"思念明朝"之意。

从 1655 年开始,郑森以夺回南京为目标,发动军队进攻,但是没有成效。于是,1658 年 6 月 13 日(永历十二年五月十三日),郑森亲自率领由八千艘战舰组成的海军,从思明州出发,开始北伐。翌年,沿长江而上,虽然包围了南京,但因为失去战机而败退。

1660 年,清军从江南派遣战舰,想将退到厦门的郑森势力驱逐出去。郑森失去了陆地统治的大半范围,终于保住了以厦门和金门为中心的诸岛,为了打破当时的局面,1661 年,郑森决定转变方针,攻取台湾。经过九个月的包围战,1662 年 2 月 17 日,郑森驱逐了台湾所有的荷兰人,将据点移至台湾。

从那之后过了四个月,1662 年 6 月 23 日,郑森突然病故。按照中国农历是五月初八日,季节为仲夏,在台湾王国的首都承天府,郑森去世,原因为热病,年仅三十九岁。因为他是在生日前的两个月病逝,若按照实岁计算的话,享年仅三十七岁,一个年轻生命就陨落了。

回顾一下郑森的足迹可以看出,他幼年时代在日本度过,青年时代,以成为明朝的官僚为目标,壮年时期,他继承了父亲开辟的海域世界的事业,希望复兴明朝,在这个愿望难以达成的情况下,他在东中国海与南中国海的交差点台湾设置据点,试图构筑政权。郑森的一生跌宕起伏。

那么,他本人最终希望建成一个什么样的世界呢?其中一个假说,郑森所开辟的海域王国,独立于清朝统治的大陆,而且他也试图建立一个不同于日本的王国。他的海洋王国的构想,可以通过阅读以下叙述的布告加以认识,这个布告,被翻译成了荷兰语并流传至今。

第三节　郑森的布告

那一日,郑森写了一通布告,日期是 1656 年 6 月 27 日,按照郑森奉明朝亡命政权纪年是在永历十年闰五月六日,地点在他自己的据点思明州。

从布告的文字看,他为了编成并教练北伐军,前一年,在眺望厦门岛西南海洋的平地建立了演武亭。在大约一百年前,为了应对王锃那样的倭寇,那里曾是明朝武官俞大猷作为练兵场的地方。在这里,迎着海风,耳边似乎可以听见郑森训练勉励部下的声音,关于那个布告,笔者进行了深入思考。

为了成为官僚而勤学的郑森,二十岁左右所起草的布告,应该是正规布告的格式,格调高雅的文章。但遗憾的是,现在看不到布告的原文。因为该布告被翻译成了荷兰语,所以只能够知道布告的内容。

对于当时大员居住的中国人,大官人国姓爷送来的中国文布告译文:

> 一直以来,我方帆船在各地经营贸易,总是被善待,但是,我接到报告,渡航到马尼拉的我方商人,在当地被视为兽类、鱼类般并遭到不公对待,根本没有把他们视为人,他们的商品被暴力强夺,而且,按照想法任意支付金额,经常按照比实际价值低廉的价格支付,且欠账一直不还。

> 在大员的荷兰人,也与马尼拉的那些家伙(西班牙人)一样,视我的人民如同鱼肉。我得知此事,血液沸腾,气愤不已。大员就近在眼前,若今后还如此的话,不得经营贸易。但是,若能改变你们的态度,万事好商量。

> 我先发布封锁马尼拉贸易的布告。这个禁令会在各地颁布,各地

人都要遵守。但是作为例外,只有大员的人们(在居大员的中国人)不渴求这个,认为没有必要。我实在无法理解。

不久前,渡航到马尼拉最近回来的一艘帆船,向我汇报了实情,据说从大员依然有到马尼拉进行贸易的帆船。不管什么理由,我曾强烈严禁。但是,这件事让我听到了,因此我决定,即刻封锁大员贸易,不允许船舶或者寸板再赴大员。

但是,大员居住着我的人民,所以不希望你们冷遇他们。因此,帆船、船舶现在在别处不知道此禁令的适时归还,限百日之内允许往返,这段时期以后,一艘船也不允许停留。前述百日之期以后,我会颁布其他布告,这期间,汝等奉劝人民,在这段时期尽量迅速地归港到思明州,已经停泊在大员的帆船,积压着汝等的商品、货物。同样,公许的百日期限之内,允许来思明州取走所有帆船内的若干商品——鹿肉、咸鱼、麻、豆类以及砂糖、水等。但是,不允许从别处带商品到思明州。如果违反禁令,将没收积压的商品,处死乘组员,特此警告。……

但是,这百日的禁令期间,我不会派遣视察或者业务用的我的帆船。曾经我与大员或者马尼拉的住民一样,向汝等人民大胆不敌地传达布告。我的话和法令,如金科玉律,有效且有力度,任何人不得违反。

中国历闰五月六日

荷兰历 1656 年 6 月 27 日[①]

文中出现的大员,位于现在的台南市,当时,那里设置了东印度公司的贸易据点。

对于大员的中国系住民,称"汝等人民"的郑森,究竟拥有什么样的构想呢?为了解读他的这一构想,下面列举几项,来说明一下当时的状况。

首先,按照本书的原则,采用这个布告出现的郑森这一标识,为了理解布告出现的背景,要对 1656 年郑森所处的时期进行简单概括。

之后在布告中,写到了郑森部下的帆船在各地进行贸易,支撑贸易的他的组织清楚地表现了出来。

而且,郑森所称"业务用的我的帆船"的交易船,有必要整理一下这些船在哪里经营贸易。

---

① 岩生成一:《郑成功的一书翰》(「鄭成功の一書翰について」)。中村孝志:《巴达维亚城日志(三)》(『バタヴィア城日誌(三)』)。

接着,"马尼拉贸易封锁"这一布告的目的,需要考虑一下原因。

最后,在当时的大员,郑森所称"人民"的这些中国系住民,需要调查统治他们的荷兰东印度公司的动向,布告发出的五年后,郑森开始的台湾攻略进程开始推进。

在这个布告的题目中,担任翻译的荷兰人,将发出布告的人格冠以"大官人"的称呼。

大官人(Mandoryn)就是官僚的意思,英语为"Mandarin"。作为"Mandarin"语源的俗语,一定是指清朝的满洲人官僚的"满大人"。从清朝成立之前,这个词就在西洋人中间广泛使用。

葡萄牙语"发布命令"之意的词语的语源,因为亚洲进出,先行的葡萄牙人中间作为官员的尊称,被广泛使用,所以后来的荷兰人、英国人也继承了下来。作为语源,被认为来自马来语的部长(menteri)一词。从荷兰方面文献中作为大官人(Mandoryn)这一标识的使用来看,并没有视郑森为海洋商人,而是将其看成明朝的官僚。

这一时期的郑森,原则上确实使用的是明朝亡命政权的年号,但是,实际上是独立的政权。1655 年,郑森仿照中国王朝传统的政府机关的吏、户、礼、兵、刑、工制度,设置了六官,整顿了政权体制。

六官设置不久,朱由榔(≠永历帝)派遣的使节到达思明州。永历帝封郑森为延平王,承认他的政权是一个王国。所以,郑森作为一个独立王国的首长,发出称呼"人民"的这一布告是具有正当性的。

布告中出现的国姓爷,是因为 1645 年,郑森被赐予明朝皇室的姓氏"朱",由此而得来的标识。在明朝,郑森的正确标识为"朱成功",实际上郑森向日本请援的书状等文件中,署名就是"朱成功"。但是,基于对外使用与明朝皇帝相同姓氏的顾忌,郑森自身采用了将王朝的姓用"国姓",后面加了"爷"(对年长的男性的尊称)的这一标识。荷兰人用国姓爷的发音记载为"Cocksinja、Kochsinja",汉语的北方方言为"国姓爷","国"写作"guo"。"kok"等表记的发音,恐怕是从南方厦门附近的方言而来。

用郑森的通称"郑成功"来表记的同时代史料,是清朝方面的文献。郑森的事绩都是清朝以降记载的,所以,郑成功这一标识,在历史书中被使用。但是,郑森并未认识到自己是"郑成功"。

荷兰方面流传下来的布告所出现的"中国历闰五月六日,荷兰历 1656年 6 月 27 日"这一日期,相当于永历十年闰五月六日。永历十年这一年,虽然没有引人注目的大动向,但是决定了郑氏海域王国与大清帝国之间漫长战争趋势的波澜似乎就是这一年。

旧历正月,以广东攻略为目标,郑森派遣南征军进入潮州的揭阳城内,进行军议。左先锋苏茂说道:"去年八月,我军大胜敌军两次,敌军意志消沉,不足为惧",要求出城攻打。这位左先锋具有乐观的洞察力,军议决定在黎明对统治当地,包围城市的一万清军发起总攻,前锋由左先锋苏茂以及前卫镇黄梧担任。

当天早晨,天一放亮,苏茂与黄梧率领的军队就出发了。苏茂过于轻敌,实际上,清军已经觉察到了郑氏军队的动向,事先在城外埋下了伏兵,苏茂他们的军队出了中间城门的时候,遭到了袭击。遭到突袭的郑氏军队一阵错乱,军列混乱,也来不及救援。左先锋苏茂在奋战时中箭,受到枪伤,负伤后冲出重围逃走。

仅仅半日,此战役损失了郑军南征军的将校人材,还被夺走了许多武器、甲胄等。这次败退,使郑森的战略受到很大影响,郑森气愤之余表示要严惩败将。

三月,因为苏茂轻敌导致战争失败被斩首。黄梧因为退却而失去了战机,因此,被命令筹办损失武具的同时,也被降格为海澄守备。

四月,郑氏政权的根据地思明州遭到了从泉州来的清军军船的袭击。当时幸亏遇到了强风和浓雾,习惯于海战的郑氏海军,打败了清军。从这时起,郑森开始认真筹划南京攻略。虽然广东攻略失败,但是却给可能腹部受敌的泉州的清军海军以破坏性的打击,在一段时期,不惧怕他们会再次进攻。在这样的情势变化下,郑森将所有实力转向南京,决定进行北伐。

翌年五月,郑森集合各地乡勇,在对他们进行枪器训练的同时,给他们配备火器、斩马刀、木棍等装备,让每名士兵携带投掷弹三枚,一旦遇见敌人就投弹战斗。军队的组织也重新编排,每天都会为了远征而进行演习。闰五月,郑森亲临训练新兵,训练他们使用火器,乘坐军船以及对他们进行水军的训练。

就是在那时,郑森发出了如开头所示的布告。布告无疑是针对南京攻略所做的准备。郑森为了编成北伐军,赚取必要的军费、军需,试图准备海洋王国的军费,这就是发布布告的目的。而且六月,郑森发布命令,传令各船队待命远征。

但是,六月二十二日,发生了不得不让远征延期的事件。降格为海澄县守备的黄梧,连同城池一起投降了清朝。海澄县城内,储备了大量远征用的食料、武器弹药、军服甲胄等物资,这些军用物资都被清军占有,郑森深感痛心。而且,曾为郑氏政权核心的黄梧,将郑氏的内情泄露给了清朝,后面会继续阐述,这次情报泄露带来的祸根,延续到之后很久的时间。

翌年的永历十一年七月,西历 1657 年 8 月,郑森亲自率领的北伐军从思明州出发。这次北伐,虽然镇压了浙江省沿岸地区,但因为清军出现在福州,所以郑森的本队返回了福建。这样花费了约一年的时间,郑森继续整顿军备,永历十二年三月,决定再度进行北伐。

第四节　郑森的贸易组织

荷兰语所译布告的开头,叙述了郑森管辖之下的帆船在各地开展的交易活动。郑森继承了父亲郑芝龙组建的东欧亚海洋商人网络,一面主张为复兴明朝赚取军费的正统性,一面积极开展交易活动。但是,关于他的贸易规模与组织,有许多不明确的地方。综合片断性的史料,可以看出郑森的贸易大致采取了如下的体制[①]。

投降清朝的黄梧,将郑氏政权的内部情况,依据个人经验写成了称为《平海策》的郑氏政权攻略方策,并向清朝政府进言,其中写道:"郑氏拥有五大商,分散在北京、苏州、杭州、山东等地,通过经营贸易赚取郑氏政权所需经费。"这五大商分为山、海两个系列,有五六十人的商人组成。在福建的港町泉州,有曾定老、伍乞娘、龚孙观、龚妹娘等五商的领袖,除此之外,举人以及生员等拥有科举身份的地区权威者也加入其中,开展了兴盛的贸易。

郑森所建立的交易网络,分为山路和海路两种。由片断性的记载推测,山路为中国内地的交易网络,海路为海外日本以及东南亚诸港之间的网络。在与海域世界有着深刻关联的中国人之间,提起"山"的话,大多指陆地的意思。例如在海外居住的华人,祖辈的国家中国被称为"唐山"。郑氏政权的

---

① 　以下依据南栖:《台湾郑氏五商之研究》,《台湾郑成功研究论文选》,福州:福建人民出版社,1982 年;辛元欧:《十七世纪的中国帆船贸易及赴日唐船源流考》,《中国海洋发展史论集》第九辑,台北:"中央研究院"人文社会科学研究中心,2005 年。

"山路",并非山中的道路,而是在祖辈的土地上建立的错综复杂的通商网络。

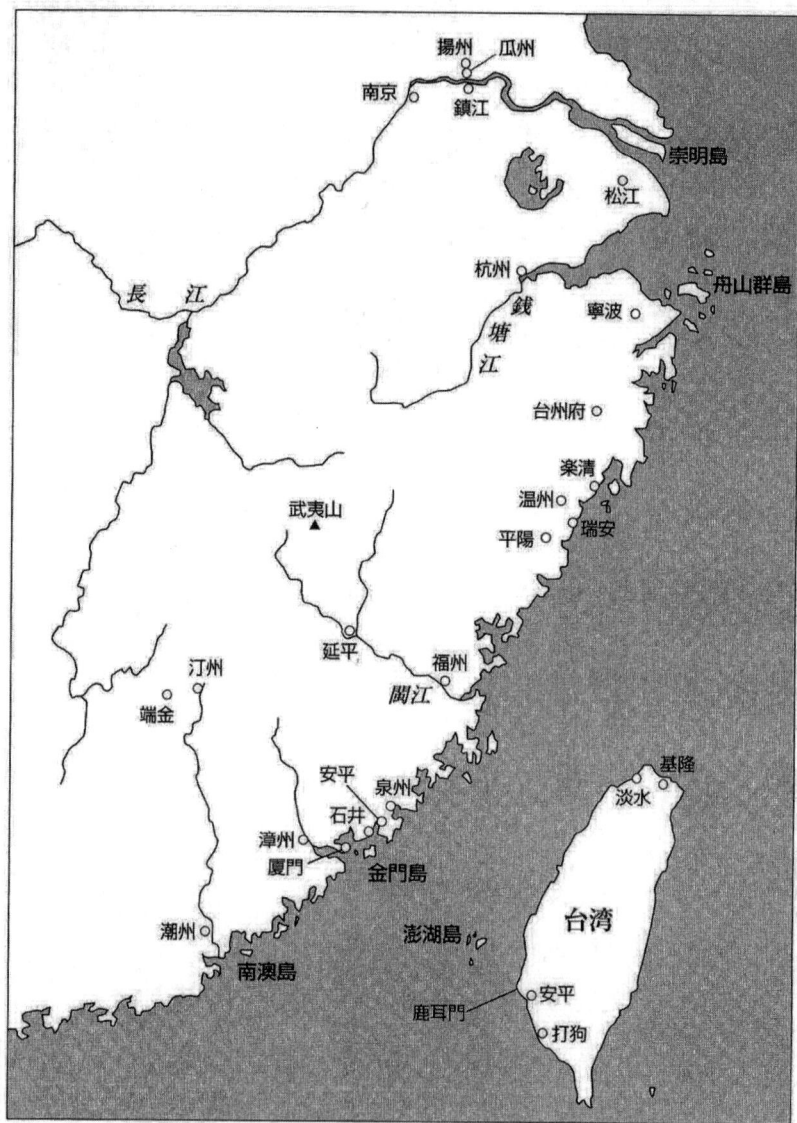

福建泉州的安平镇及台湾周边地图

五大商的山路网络,当时已经在清朝统治的杭州设置了本部,在苏州、山东、而且连清朝帝国的都城北京也拥有支部网络。这一网络也许是沿着大运河展开的。各地有权威的人士也加入了这一网络，所以，他们认为清朝政府无法揭发这条山路网络。通过山路网络入手的内地的生丝、绢织物等物产，再通过海路网络运送到日本等地。

熟知郑森政权财政的黄梧，在五条《平海策》的第四条中，谏言"除掉五商，断绝郑氏经济后路"。

关于郑氏政权方面的记录，有杨英所著的《从征实录》。在前述布告发布的翌年（1657年）永历十一年五月，可以看到该书记载了郑森追征思明州军费，以及监查武器、船舶制造经理的记录。整理这则记录，郑森贸易组织的构成逐渐浮出了水面。

五大商在郑氏政权的根据地思明州、泉州等福建的郑森势力圈内的港町，设置了仁、义、礼、智、信五行，在杭州等地设置了金、木、水、火、土五行，进行经营。"行"是商业代理组织。"仁"以下的五个代理属于山路网络，"金"以下的代理属于海路网络。

交易船按照航路，分为航行在东中国海的日本、台湾、菲律宾等地的东洋船，以及南中国海的台湾、爪哇、大城府等地的西洋船两个集团。这个东、西洋船与五大商的代理组织是不同的系统。若对郑氏政权的财阀打个比方的话，五大商是商社部门，东洋船、西洋船则是商船部门。

五大商、东西洋船等所进行的贸易，由郑森的行政机构，管理财务的户部统治，在这之下为适应支出用途，设置了利民库和裕国库进行收支管理。从名称推测的话，利民库是管理与民政相关的财政，裕国库则是管理与军事相关的财政部门。郑森的时代，一直占据户官首位的人物，是从郑芝龙时代就开始被重用的郑泰。郑泰也称祚爷，是郑森的堂兄。与行政机关相区别，设置了称为六察官的监查机构。

撰著《从征实录》的杨英，在郑森去世后，在继承政权的郑经的领导下，担任户官。杨英关于财务的记载，值得信任。郑森在监查财政之时，六察官的常寿宁向他报告了财政情况。在报告中，常寿宁弹劾掌管利民库的林义，操作财政事务，与上司郑泰勾结贪污公家的利益。

因为熟知郑氏政权内部事情的黄梧，向清朝通报了五大商的姓名，曾定老等被捕，经受了清朝的严厉盘查。从调查书可知，清朝掌握了五大商活动的一个侧面。[①]

1654 年 3 月 4、5 日（顺治十一年正月十六、十七日），据五大商的曾定老等供诉，他接受了郑祚（≠郑泰）的二十五万两白银，购买苏州、杭州的高级绢织物绫以及湖州产的生丝等，向思明州的郑氏政权提供商品。

翌年的 1655 年 6 月 6、7 日（顺治十二年五月三、四日），曾定老从郑氏政权管理财政的伍宇舍那里接受白银五万两，赶赴日本进行贸易。用贸易所得的利益，向郑氏政权结算。

同年 12 月 8、9 日（顺治十二年十一月十一、十二日），再次从伍宇舍处接受十万两银子。利息为一两银子每月一分三厘，即月利百分之一点三。

1656 年 4 月，累积银、生丝、绢织物的货船出海。这次贸易之后，返还给郑氏六万两，剩下四万两由曾定老保留继续进行贸易。利息相当于七千两，留给曾定老作为工作资金。

看到这份记录，可以看出五大商交易活动的实态。

其中之一，郑氏政权不直接从事交易，而是将资金借给与政权紧密关联的商人，赚取利息来支持财政。由供述可知，十二月初以月利百分之一点三借给对方银子十万两，航海结束的翌年六月，返还融资的时候，产生了七千两利息。

曾定老进行交易活动之后，返还了六万两，手头留四万两作为融资资金继续进行贸易。每次航海并不是郑氏集团与五大商之间关系的完结，而是继续融资关系的开始。相当于利息的七千两，从融资中分离出来，与五大商的交易活动相区分，成为工作资金，是郑氏政权给予的。

除了五大商，个体商人也从郑氏政权融资。根据情况，每次航海进行精确计算。

1658 年（顺治十五年），属于五大商之一的"义"行的男子被逮捕。从供述书也可看出五大商活动的一面。

这名男子名叫廖福，别名廖八娘，三十岁，居住在泉州府南安县。根据供述，他从小就是五大商的一份子，是义行郑奇吾的家仆，作为义行的一员维持生计。

1652 年（顺治九年），他从郑氏政权接受了五千两银子，从事米谷的生

---

① 《福建巡抚许世昌残题本》，《明清资料己编》第六本。

意,为追求利益在海上活动。但是,1657 年,虽然曾两度出海,但都经商失败,欠下了郑氏政权数万两资金而潜逃,翌年正月,潜伏在南安县的偏远地区,据说害怕郑氏政权追究而铸造了坚实的土楼。①

从这个记载可以看出,五大商之一的义行,在郑氏政权的势力圈范围内,其经营者是郑氏一族的可能性极高,而且担当实务工作的,是五大商的家仆。

廖福在义行经营的商品为米谷,这并非中国的出口商品。郑氏的根据地厦门周边,耕地很少,为了支持军团,需要从外地输入粮食。五大商从事的交易,并非仅是支持郑氏政权,在海外采购郑氏政权需要的物资,也是一件重要的任务。

米谷从何而来,供述书没有明确记载。从当时的状况看,也许是大城府。除了米谷以外的军需物资,还有如火药的原料硝石、硫黄等,可以想象五大商也在经营。

从曾定老的供述看,五大商除了商业活动以外,还有一个重要的任务,那就是搜集情报和政治活动。

前述曾定老介绍了从郑氏政权接受十万两银子融资,后来返还六万两,留下四万两继续融资的经纬。利息七千两预留在曾定老手头,曾定老将这七千两用于郑氏政权的"耳目",即工作活动所用。曾定老有个儿子叫曾汝云,这个儿子担任工作活动的任务。

通过重金收买具有科举身份的掌握地区政治话语权的生员、举人,在清朝势力范围进行工作活动,来调整环境,搜集内地情报。而且据说每次科举考试,都进行"贿赂代笔"。也就是说,贿赂考试负责人,让别人替考,让支持郑氏政权的人物科举合格,即在清朝政府内部,安排郑氏政权的知识人,以便进行活动。

关于郑氏政权的谍报活动,索尼等在 1656 年提交的标题为"拿获奸细事"的上奏文,可以窥见其中详情。② 索尼精通汉文、满文、蒙古文,是努尔哈赤时期的重臣,是当时担任清朝政权首位的内大臣。从索尼提交的这份上奏可以看出,清朝发觉到郑氏政权的谍报活动,因此,不得不动用清朝大臣中的首要人物,可以看出,这件事对清朝的震动。也就是说,在那之前,清

---

① 《福建巡按成性残揭帖》,《明清资料己编》第五本。

② 《明清资料己编》第三本。

朝并未察觉郑氏谍报人员的活动。

事情的发端,还是从郑成功派去的名叫丘贤的奸细,在清朝的首都北京被逮捕开始。索尼本人与兵部一起对丘贤展开调查。

丘贤供述如下:

> 我在郑芝龙的母亲那里任职,郑芝龙去世的传闻传出后,去年八月(1655 年 9 月),为了搜集金门的情报,我与三个人一起被派出。因为清军进入了福建,走主干路不合适,我于是绕道饶平,在那里获得了贩卖烟草的证明书,扮成商人,于今年二月二十七日(1656 年 3 月 22 日)到达北京。

> 有一次,我一坐在烟草店,就来了三四个青年,径直走到店里面,开始吸烟。烟草店的主人据说是郑芝龙的人,这个人姓王,我向这位姓王的青年说道:"郑芝龙现在如何?"一得到暗号化的信息,我立刻想站起来。那位青年回答:"郑芝龙以前是五条铁索,但是现在是三条铁索。如果得到暗号,请传递情报。"于是我就与小王建立了联系。

与丘贤联络的姓王的青年,也接受了调查。这位青年叫王省,据说是与郑芝龙一起降清的郑森的弟弟郑渡(≠郑世忠)的家仆。调查中丘贤泄露的"五条铁索""三条铁索"是何意思并不明确,或者这也许只是暗号。

丘贤供述说偶尔到北京的烟草店,因为听到了家乡厦门的方言,所以坐在店里。另一方面,王省因为偶尔贩卖书籍,到那个店里的时候,被丘贤叫住。此二人的证言很难令人相信。

丘贤一到北京就立即与王省联络,可以看出,事先组织好的郑氏政权的地下组织是真实存在的。这个地下组织的运营,也与在北京拥有通商网络的五大商相关,这是南栖在《台湾郑氏五商之研究》的论文中的推测。烟草为福建特产,也许是五大商的交易商品之一。

通过五大商进行的谍报、工作活动,郑森能够掌握清朝方面的动静,因为郑氏政权输送了工作人员到清政府组织的内部,所以谍报活动没有暴露。对于清军压倒式的军事力量,郑森能够长期抵抗,这就是原因所在。

有趣的一点是,郑氏政权开展这样的谍报、政治工作所需要的资金,也有大致的计算。用在中国海域开展贸易的融资所得的利息,支持这项支出,在明确财政事务区分的基础上,也在管理工作资金的运作,可以说郑森的政权,宛如在中国海域设置基盘的通商王国。

第五节　海上活动

　　在布告中，郑森发出禁令，指出"我不会派遣视察或者业务用的我的帆船"。所谓业务用的帆船，是指作为郑森海域王国财政基盘的商船，当时称之为"国姓船"的郑森的商船，航行于东、南中国海，以思明州即厦门为据点，航海至日本的长崎，台湾的大员，吕宋岛的马尼拉，爪哇岛的巴达维亚，泰国的大城府等地。

　　根据荷兰东印度公司总督提交到本国的关于日本贸易的报告书，1654年十一月至翌年的1656年九月，在前述布告发出的时期，来航至巴达维亚的五十七艘帆船中，有四十一艘是郑森管理的帆船。记载大员东印度公司活动的《热兰遮城日志》的1655年3月9日中，记载了有二十四艘"国姓船"，从中国沿海到各地交易，其中七艘到达巴达维亚，十艘到达大城府，四艘到达广南（越南中部的顺化），一艘到达马尼拉，满载生丝、绢织物、砂糖等主要商品，另外还有陶瓷器、茶叶等。

　　如前述，五大商开展贸易的主要地区，从苏州、杭州采购生丝和绢织物，出口到日本。支撑郑氏政权的财政基盘，就是与日本的交易。

　　郑芝龙降清是在1646年，翌年的1647年，根据来航长崎的帆船来整理一下出港地的话，如下所示。[①] 1650年，虽然有七十艘帆船到达长崎，但是，其中有五十九艘是从郑氏政权势力范围来航的，实际上占了百分之八十。

　　1654年，有五十一艘帆船进入长崎港。出岛的荷兰商馆馆长指出："如果国姓船没有十二三艘入港的话，荷兰船的生丝贸易无法开展。"国姓船带来的大量生丝，决定着长崎生丝的交易所。因此，据说等待国姓船来港，好不容易才能开始生丝的交易。

　　郑芝龙投降后，郑氏政权的本部根据地安海，纳入了清朝的统治范围，福州、泉州也脱离了郑氏政权的势力圈。从出港地看，标示为安海船或者福州船的，不再是郑森直接管理的国姓船。但是，这些来港船真的与郑氏政权

---

① 　岩生成一：《关于近世日支贸易数量的考察》，载《史学杂志》1953年。

没有关系吗,还不能完全否定。

稍后一段时期,郑森在 1661 年攻取台湾的时期,他在给日本的弟弟田川七左卫门的书简中写道:"如果不持牌(郑氏政权承认的许可证),或者只有旧牌(过期的许可证)的话,没收货物和船舶,逮捕船工和航海士。"

当时,中国海域的秩序,维持着郑芝龙构建的制度。郑森指示弟弟的事情,不是没有根据。即使是从清朝势力圈出港的帆船,为了航行安全,也只能支付大量资金由郑氏政权发给许可证。

对于郑氏政权来说,与日本的交易,并非只是出口生丝、绢织物等中国产品。为了表现王国的正统性,有必要发行这个势力圈范围内流通的铜钱,该铜钱是郑森采用明朝的年号铸造的"永历通宝"。

永历通宝有两个系统。其中一种是华南的明朝亡命政权,由云南生产的铜作为原料铸造,铸造文字是用端正的楷书书写。还有一种永历通宝,接受郑氏政权的授权,运用日本产的铜、铅在长崎铸造,采用篆书、行书、草书三种字体。

郑森在 1651 年,命令郑泰准备大型帆船,派遣到日本,在长崎铸造铜钱。从永历通宝残存的状况来看,在福建、浙江、江苏的沿海地区发现了许多篆书、行书的永历通宝。与此不同的是,草书的永历通宝基本没有在中国内地流通。这可以判断出,篆书、行书体的永历通宝,在郑森时代是在长崎铸造的。另一方面,在郑经时代的 1666 年与 1674 年,有能够确认在长崎铸造永乐通宝的史料。因此,草书体的铜钱,推断是郑经时代铸造的[①]。

布告的对象是"大员居住的中国人",是荷兰东印度公司在台湾南部建设的赤坎楼城堡周边居住的中国系住民。

中国人最早发现了台湾,台湾海峡的洋流很快,如果造船和航海技术跟不上的话,从福建安全渡海到台湾是很困难的。因此,移民台湾的中国人,真正开始于 17 世纪以后。移民的地点之一,就是荷兰东印度公司设置的据点大员。

1662 年,荷兰人从澎湖岛撤离台湾的状况,荷兰人叙述如下:

> 中国人允许公司无限制的交易,而且,允许我们从福尔摩沙带走所有种类的中国物产和制品。……作为与公司的约定,允许中国人在福

---

① 褚纳新:《郑成功及永历通宝钱》,《亚洲钱币》第三期,http://www.zjsmsqc.com/zcg.htm。

尔摩沙定居,不仅不妨碍他们,而且对于好不容易新来的中国居民,允许他们在大员定居生活,从事交易。

结果,许多中国人因为战争(明末清初的战乱——引者注)而逃离了中国,他们在大员结成集团,形成了一个部落。这个部落由两万五千名健壮的男性组成,除此之外,还有妇女孩子。他们大多以从事商业和农业为生,生产大量的米和砂糖。这些产品不仅供给全岛,每年都将剩余的部分,满载数艘船出口到印第安(不仅指印度,指代亚洲全境——引者注)地区,公司也从中获得不少利益。[①]

这个荷兰人的观察,似乎过于乐观。以大员为据点的荷兰东印度公司,不能够与中国直接进行交易。为了购入运到日本的生丝,他们依赖于中国系商人的网络,海运也不得不依赖中国系帆船,而且,中国大陆与台湾之间的海运,初期由郑芝龙统治下的帆船承担。

1646年,郑芝龙降清后,由郑森继承了制海权。如前述,除了郑氏政权直接操纵的"国姓船"外,从清朝势力圈出港的船舶,如果不持有郑森发的"牌",就不能够安全航海。

对于这样的海域世界秩序,新兴的荷兰东印度公司,曾尝试打破。结果,荷兰商船与郑森的船舶,在到达的地区展开了交易竞争。

在布告发出前一年的1655年5月19日,郑森通过大员的华人权威者,在日本、东南亚诸港,为了让荷兰东印度公司不阻止郑森交易船的活动,进行了筹划。但是,荷兰人却无视该请求。

郑森虽然掌握着连结东南亚、中国、日本交易的干线,但是,还存在一条迂回路线,就是经由西班牙统治的马尼拉的路线。为了阻止帆船的迂回路线,以西班牙人虐待当地华人为理由,郑森命令马尼拉停止交易。本章所示的郑森发出的布告禁令,对于中国人的船舶与大员进行的交易给予了百日的宽限期。

如果没有帆船从大陆或者马尼拉到达大员的话,荷兰人将无法获得面向日本的商品。

---

① 揆一,生田译,1988年。

第六节　与荷兰东印度公司的对决

在对大员的华人发出的布告中,郑森设定了百日期限,期限结束的日子,按照郑森所奉行的历法,是永历十年九月十七日。这个预定期限结束的十日以后的九月二十九日,郑森写了一通书简。

在1657年2月,厦门的一艘帆船在荷兰东印度公司统治下的巴达维亚入港。郑森前一年写的书简,由这艘帆船带给了巴达维亚。荷兰语的名称是"大官人国姓爷给甲必丹宾厄姆以及吉卡瓦的书简",登载在《巴达维亚城日志》中。

书简寄送的对象宾厄姆,在巴达维亚居住达四十余年,担任当地华人的中间人职务,是华人团体与东印度公司之间的桥梁,这个人物就是1645年就任巴达维亚第三代甲必丹的潘明岩。

还有一人是吉卡瓦,1626年,他从中国到巴达维亚,众所周知的豪商颜二官,1643年,被选为一般司法裁判所法务委员,1650年代,担任潘明岩的助手,1663年,潘明岩去世后,作为潘明岩公认的人选担任第四代甲必丹。

该书简对本章所示对大员在住华人发布的布告作了简单解释的同时,郑森禁止帆船从巴达维亚或者其他郑森势力范围的地区进入大员,指示完之后,以下记载如下文所示:

　　……你们见我禁止大员贸易,认为我有攻占大员的意图,但是这个小岛对我来说带来不了什么利益,因此我没有这样的想法。你们(潘明岩和颜二官)将这件事报告给巴达维亚总督以及印度参事会,在大员,如果能够像从前一直,善待我的人民的话,我会再次派遣帆船到大员。

　　去年以来,我派遣数艘帆船,满载商品到巴达维亚,但是只是苦劳,所获利益很少,因此,今年只派遣两艘就停止了。希望可以像过去一样,在良好条件下进行贸易。我的好意,除去派遣去的这两艘帆船以外,也应该明白。看看过去帆船的成绩,再决定今后是应该多派遣船舶,还是应该完全禁止贸易。潘明岩和颜二官,必须将这件事通知给巴达维亚总督。

1656 年 9 月 29 日

巴达维亚在住的中国系居民的代表者,应该是直接将书简内容报告了东印度公司。东印度公司内部的争论,持续了很长时间。到了 1657 年 6 月,对于这封书简,东印度公司终于给出了答复。

在答复中,东印度公司希望跟郑森友好相处,但是因为东印度公司与统治马尼拉的西班牙人有和平约定,因此,大员的长官不能禁止中国人渡航到马尼拉。

郑森发出的布告,渐渐地开始发挥效力。帆船不持有郑氏政权的"牌",会害怕郑森舰队的临时检查,所以不敢随便出港。大员的荷兰商馆,何止无法购入面向日本出口的商品,就连生活必需品也开始短缺。

郑森发动的海上封锁,对台湾东印度公司的影响程度,从公司收支上看一目了然。

因为明朝的灭亡,交易环境激变,虽然 1645 年、1646 年收入剧减,收支呈现负增长,但是到了 1647 年得以恢复,1648 年以降,收入增长到五十万盾以上,获得了二十万盾以上的利益。

但是,台湾总督并未接受郑森的要求,大员被强制进入海上封锁状态。结果,1657 年,东印度公司的收支平衡恶化,出现了七万四千六百九一盾的赤字。

1657 年 7 月,东印度公司派遣使节到郑森那里,接受了郑氏政权的要求,不得不与郑氏政权缔结和议。《从征实录》永历十一年六月条,记载如下:

> 台湾荷兰商馆馆长揆一,派遣通事何廷斌到思明州的郑森那里,申请每年给郑氏纳贡,希望能够允许开港通商。

以前,郑氏政权的帆船所到之处都会与荷兰人冲突,因此,郑森对中国海港以及西洋人的据点发布了布告,禁止到大员来航通商。禁绝两年,船舶不去大员,大员的货物商品不足。而且,在荷兰人中间,瘟疫传染病开始蔓延。

在事态逐渐恶化的情况下,商馆长派何廷斌为使节,要求通商,约定每年向郑氏进贡白银五千两,箭十万支,硝石以及硫黄等千担。

郑森表示"自己只能考虑与公司之间确立维持友好善邻关系",于是再开交易。荷兰方面屈服于郑森的强硬路线,交易再开后,经济利益效果显著。翌年的 1658 年,台湾东印度公司的收入超过了九十三万盾,收支差额约四十万盾,恢复到了十年前的水准。

作为使节访问郑森的何廷斌,其他史料记载为何斌,以下,采用何斌这两个字来表记他。

何斌是荷兰商馆长在大员的华人代表,但是却是一位难以对付的人。他还有一个标识,就是"日本甲螺",这一标识在王直时代,是来自于倭寇头目的标识,郑芝龙也曾被冠以这一标识。

荷兰文献中何斌以"Piencqua"的名字登场,荷兰文献记载何斌取代父亲,从福建的泉州迁到大员对岸的赤崁经营贸易,1648年,父亲去世后,成为大员在住中国人中的权威者。

另一方面,根据中国方面的文献记载,据说何斌是郑芝龙在中国海域扩大势力的时期,在海洋商人陈忠纪的领导下,担任与荷兰人交涉的职务。在中国海域以郑芝龙、郑森、郑经构筑的海域王国的事绩写成的小说《台湾外记》中,何斌的强者生活方式是很明显的。该书与史实的距离,从一个海洋王国住民的生活方式就可以判断出来。

这部小说的作者江日升的父亲,本为郑森的堂兄郑彩的武将,有一段时期,也曾在郑森的幕下工作。估计他是根据从父亲以及周围人那里听到的传闻,写成的小说,作为可能有的故事来阅读是可以的。

1628年,郑芝龙获得明朝的官职,决定统一中国海域之时,击溃了不顺从的头目们,有一人是海盗,另外还有一人就是陈忠纪。陈忠纪与郑芝龙分道扬镳,开始从事台湾与大陆之间的交易。

中国海域一片哗然。陈忠纪的船队在台湾海峡航行之际,郑芝龙势力追随着他的踪迹,击溃了以澎湖岛为根据地的海盗势力。何斌的一艘帆船与另外一艘好不容易逃脱,逃回了台湾。但是,接近大员的时候,鹿耳门的暗礁使帆船全部沉没,只有何斌和一两个船员获救。

上岸之后,何斌的身体被岩礁和蛎壳弄得遍体鳞伤。伤势刚愈,就又患病。在原住民的村落,何斌恢复体力那段时期,被荷兰人发现,作为台湾的情报通,荷兰人让他从事翻译的工作。

荷兰人在通过赤崁楼城堡的水路,埋了障碍物使航路狭窄,所有通过的船舶都在热兰遮城堡设置的大炮射程之内。何斌作为使者到郑森那里的时候,他将荷兰商馆的资金占为己有。何斌害怕此事暴露,因此很不安,于是他探寻了另外一条通过城塞的水路。何斌能够逃走的路线就是有暗礁的鹿耳门。

何斌秘密命令手下，打扮成渔夫钓鱼的样子，去调查从鹿耳门到赤嵌楼城堡的水深、水流等详细情况。调查的结果显示，涨潮时水深达到四尺（约1.3米），帆船能够通过。这一情报，后来改变了郑森的命运。

在重要的时期得到这一情报的何斌，更加大胆地从荷兰商馆捞取个人利益。作为荷兰台湾商馆的使节，在与郑森交涉时，双方达成了以下默契。

与大员的交易再开之际，在台湾，中国船所载的运送到郑氏势力圈的商品，在大员征收课税，并由何斌负责征收。

从郑氏方面来看，在台湾的出发港征收课税，与在大陆征收课税相比，确实可以多征收一些关税。对何斌而言，担任征收课税的业务，能够获得手续费。何斌在大员征收课税的事情，在1659年2月，暴露给了荷兰人。[①]

1658年，郑森在大陆开始了大规模的军事行动，那就是以攻取南京为目标的北伐。但是，第二年夏天大败。郑森虽包围了南京城，但是却贻误了战机，他因在水上战斗取得了胜利而过于乐观，因此，在陆地战时因为迟疑而惨遭失败。

南京攻略的失败，郑森失去了许多武将和士兵，而且失去了舰船，在清朝的攻击面前处于劣势。1659年，郑森的军队逃回思明州，虽然占有以厦门岛、金门岛为中心的领域，但是失去了曾经扩展到福建、浙江的大半势力圈。

1660年，清朝从江南派遣舰队，攻击郑氏政权的根据地思明州。郑森虽然擅长海战，可以固守思明州，但是，养兵极其困难。如此一来，历史推进到了1661年的台湾攻略。

被追捕的郑森有可能转向攻打台湾，这种恐怖在大员的荷兰人中间蔓延。台湾长官揆一，请求巴达维亚的东印度公司总督救援。但是，大员的紧张气氛，巴达维亚根本没有理解。

1660年4月22日，在巴达维亚总督的回信中，根据揆一的请求，虽然派遣了由十二艘船组成的舰队到大员，"但是，如果国姓爷准备攻占大员的事情仅仅是传闻的话，那么，派遣舰队是徒劳的。因为会造成财政上的损失，若大员平静的话，前去救援的军队主力会去攻击澳门"。

从巴达维亚派遣的舰队，九月份到达了大员，十月，舰队指挥官曾两次

① 揆一，生田译，1988年。

与大员的官员开会商谈。现在回顾这段历史的话,他们制定了一个非常愚蠢的方针。对于郑森也就是国姓爷,他们直接派使者去问国姓爷是否有攻取大员的意图。对于使者的问题,郑森回答如下:

> 今年,鞑靼(满洲族)退去南下,一心想决胜负。我军在五月十日攻击敌军,故军损失将校七百余人,战死或俘虏士兵不计其数。惨败的敌军连他们的行迹都没有看到。
>
> 不久我军将从厦门、金门出发,消灭残存的鞑靼,包围敌人并一举消灭他们。所以要利用商船,运送妇女儿童以及货物。考虑商船的安全,会让他们继续停留在思明州。
>
> ……
>
> 这封书简里面,因为增加了四年前巴达维亚总督的书简,所以,请您做出明确判断,打消所有疑虑和不确定,重新与我方增进友好关系。若与鞑靼之间的战争结束的话,我会直接再开贸易,派遣帆船,请你们优待贸易商人,期待贸易更加兴隆。[1]

对于这封回信,揆一他们大员的官员与巴达维亚来的舰队指挥官之间,产生了意见分歧。如前述,四年前巴达维亚总督的书简,在1657年送给了郑森。巴达维亚总督的"作为公司希望与郑森友好相处"的内容的书简,舰队的司令官认为,书简的内容证明了荷兰东印度公司与郑森相互重视贸易的态度,郑森也不希望与公司发生战争。虽然揆一他们陈述了对郑军攻取台湾的恐怖,但结局是,舰队在第二年的1661年2月,回到了巴达维亚。

郑森此时已下定决心攻取大员,但是,有一点疑难之处。为了攻取大员的赤嵌楼城堡,必须要进入大员的内海,为了进入内海,不得不通过热兰遮城堡的狭长水路,所以躲不掉来自于热兰遮城堡的炮弹攻击。因此,即使挑起战端,郑森也没有必胜的把握。解决这一难题的关键,令郑森很意外。

当时何斌正处于困境之中。大员与思明州之间的贸易,由何斌征税的事情暴露了,被台湾总督揆一调查。在公司的监视下,当然也无法进行交易。台湾总督早晚会查出他侵占东印度公司数十万两白银的事情(以下根据《台湾外记》)。

那一年的元宵节,西历为1661年2月13日,巴达维亚派遣的舰队,已

---

[1] 石守谦主编:《福尔摩沙:十七世纪的台湾、荷兰与东亚》,台北:故宫博物院,2003年。

经从大员出航。年初满月之夜,中国人点着长明灯庆祝,何斌准备了色彩鲜艳的大灯笼,宴请以揆一为首的荷兰人以及原住民的首长。响亮的爆竹声,踩着高跷的高跷舞,悠扬的歌舞乐曲,华丽的宴席在持续着。

何斌在那天夜晚,秘密准备了小型的帆船。

那一日涨了大潮,满潮时刻过去之后,开始涨潮,经过台江内海的狭长水道,海水形成急流开始注入外海。何斌高兴地一边招待着揆一,一边等待涨潮。

过了半夜,何斌洋装醉酒去上厕所,乘机坐船逃走。《台湾外记》虽然没有记载,但是何斌应该没有去荷兰人眼前的热兰遮城堡前的水道,而是去了鹿耳门。

升到天顶的满月开始西斜,煌煌地照耀着多浅滩的水道。对于海洋王国的住民何斌来说,通道虽然狭窄,但是已经测好的鹿耳门水道,毫无障碍。何斌乘坐着船,悄无声息地离开了大员。

于是他渡过台湾海峡,一到厦门,立即面见了郑森。郑森问他为何而来,何斌回答如下:

"大员沃野千里,实为霸王之地。如果能得此地,定能建立伟大的国家。让人民耕作,可以温饱。向北有鸡笼和淡水等海港,可以购入制作火药的硝石和硫黄。濒临海洋,可以与外国相通,若海上交易兴盛,帆柱、舵、铜、铁等也可自由获得。如果让士兵成家,十年可生养孩子,再经过十年的养育教育,可成为国家栋梁之材。这样就是国富、兵强、进可取,退可守。与满清对抗不在话下。"

于是,他从袖中取出台湾地图展开,用手指着解说台湾的地形,诉说了荷兰人对前住民的虐待。然后,他沉着地拿出救命的王牌,那就是从鹿耳门到达大员入海口的水路图。

郑森看到这张图,如同盛夏喝了一服清凉剂一般,心中的悬念终于落地。他扶起跪在地上的何斌,抚摸着他的背说道:"是上天派你来助我的吧。"为了掩人耳目,郑森将何斌引入内室。

何斌也将巴达维亚派来的援军回国的事情报告了郑森。

郑森的部下里面,有的以台湾风土病多为由,反对攻打台湾。但是,这并未改变郑森的决心,1661 年 4 月 21 日(永历十五年三月二十三日),郑森率领两万五千名士兵,分乘三百艘帆船出航。舰队在途中,停在澎湖岛以待时机。4 月 29 日(中国农历四月初一日)郑森舰队从澎湖岛出航驶向大员。

第七节 海洋王国的建设

4月30日拂晓,夜雾开始散去,热兰遮城塞站岗的步哨发现数百艘帆船沐浴着朝阳驶来(以下论述依据石守谦主编《福尔摩沙:十七世纪的台湾、荷兰与东亚》)。

在进行炮击准备的荷兰兵眼中,船队向北前行,新月之日趁着大潮涨潮之际,列队通过的帆船一艘接着一艘。作为先导的就是何斌。这些帆船在炮台的射程之外,所以,即使是热兰遮城堡的荷兰炮手,也束手无策。

上午十点,驶入台江内海的帆船,陆续到达岸边,士兵和军马开始上岸。其中最吸引荷兰人注意的是,有一个兵团的士兵,全身包裹着铁甲,这是郑森为攻打南京组编的"铁人部队"。该部队每四个人中有一人高举战旗作为先导,整齐地向赤坎城方向行军。

热兰遮城堡迅速有二百名左右的士兵迎战,赤坎城城堡也开始准备枪击。但是,在郑军的大军面前,这些人微不足道,经过半日的战斗,基本就已经决定了胜败。

翌年5月1日,郑森派使节到赤坎城堡和热兰遮城堡传达他的口讯。郑森表示,"荷兰人在这里从事贸易,是承蒙我的父亲郑芝龙的恩宠。现在他的儿子国姓爷率领大军要求归还台湾,希望你们速速从城堡撤退"。

荷兰方面的四艘舰船,为了讨伐内海的帆船,向鹿耳门挺进。最初采取舰炮射击,虽然击沉了许多帆船,但是不久,就被郑军的大量帆船包围,郑军开始猛烈回击。突然,荷兰舰船之中最大型的赫克托号,因为火药库引火,轰隆一声被烟火包围而沉没。

其他三艘受到郑军猛烈攻击,不得已逃到外海。其中侦察船玛利亚号,在逆风中驶向巴达维亚,想去报告大员的窘况,于是向吕宋沿岸改变行进方向。

在陆上的荷兰部队,被四千名郑军的铁甲军包围消灭。赤坎楼城堡被长驱直入的郑军包围。郑军将前日在热兰遮城堡的战斗中捕获的荷兰兵释放了回去,他们报告荷兰方面说,何斌已经被郑军招抚,还带回了郑森的信。在信中,郑森写道,郑军兵力强大,连鞑靼军都可以打赢,所以要求荷兰殖民者迅速交出城堡。赤坎城城堡的饮用水、食料、弹药不足,抵抗也无济于事。

5月3日,荷兰向郑森那里派遣了使节,使节由何斌迎接,带到了郑森那里。他们协议的结果是,翌日的5月4日,对于赤坎城城堡投降的荷兰人,可以保证其生命和财产安全,郑森要求他们降下荷兰的国旗"王子之旗"(当时是自上而下的橙、白、青三色旗),升起白旗投降。赤坎城城堡交给了郑军,大约有三百名荷兰兵投降。但是,热兰遮城堡,仍然升起深红的战斗旗,表示拒绝投降之意。

在热兰遮城塞内,有一千七百三十三人坚守,准备打长期战。郑军粮食不足,开始从前住民的村落调配,也开始进行农耕。荷兰方面,因为季风的关系,巴达维亚的救援船没有到。

在战斗胶着之际,郑森将赤坎楼定为官邸,将王国的首都改名为"承天府",大员一带改名东都,并设置万年县和天兴具两个县,明确了新国家建设的意图。

当时,从大员战线脱离的玛利亚号,想要送急报到巴达维亚。它抵抗逆风,经由文莱,大约花费了五十天终于到达了巴达维亚,巴达维亚立即派出船队,以怯懦之名罢免了台湾总督揆一。东印度公司了解了大员的窘况,急速组编十艘船,载着七百名士兵赶去台湾增援。

1661年7月末,当先行的要求罢免台湾总督的船队到达大员之际,他们的眼前,是无数郑军的大军和无数的帆船。于是,以海上气候恶烈为借口,该船队没有登陆,直接向日本驶去。

接着在8月12日,满载兵员的舰队到达了大员。气候继续恶化,这支舰队开始行动已是9月了。9月16日的海战,荷兰舰队司令官因为缺乏实战经验,而招致灾难,毁灭了舰队。这样的事态,使受困于热兰遮城堡将士的士气大大受挫。

打破胶着战况的契机的是,出身于德国南部的一位士官逃走,投降了郑军。这位士官告诉郑军,荷兰方面士气低下,苦于物资、食料不足,而且他将热兰遮城堡的弱点报告了郑军。郑森根据该情报,从12月下旬开始发动总攻击,1662年1月中旬,战势发生了转变,战斗持续半个多月。1月25日,在郑军的猛烈攻击之后,荷兰决定投降。

经过五天的交涉,1月30日,议和的细则最终决定。翌日的2月1日,郑荷双方缔结了由十八条构成的议和条约。这是中国人与外国初次缔结的对等条约,从世界史范围来看,该条约与十四年前的1648年,在欧洲缔结的

《威斯特伐利亚和约》是具有相同性质的国际条约,胜利者一方并非一味的要求战败者,而是互相在必要的事项上进行协商,将妥协点缔结成条文。

条约第一条,从"双方忘记一切仇恨"开始,荷兰东印度公司将热兰遮城塞交给郑森(第二条),郑森保证向投降者提供去巴达维亚的必要航海物资,荷兰重要人物的私有财产,议员等可以带到船上一定上限的现金(第三条至第五条),士兵撤退之时,可以携带私有物品,按照荷兰的习惯,可升起完全武装的旗帜,可持着枪,一边敲鼓一边上船(第六条),并且同意交换俘虏等。

1662年2月7日,郑森的官员进入热兰遮城,9日,荷兰人撤出城塞,他们保持着整齐的军姿,威严地分乘八艘艀,台湾总督揆一将城塞的钥匙交给了郑军。2月17日,荷兰人离开了大员。至此,历时两年的战争结束了。

郑森将荷兰人从台湾驱逐出去的战争,对于西欧列强来说,被认为是亚洲解放战争的先驱。但是,这一见解是否妥当呢? 19世纪的鸦片战争以降,列强以侵略亚洲为目的,来评价大员的战争,也许并不恰当。

第一,在17世纪,欧洲的海军力量,并没有凌驾于中国帆船之上。若荷兰舰队与郑军帆船一对一的战斗,荷兰军队会胜利。但是,在中国海域,帆船打败了西欧的舰队。若被帆船包围的话,西欧的舰船也无胜算。优劣发生逆转,是英国造船技术的进步,19世纪前半期,大型舰船开始出现在中国海域,那是以后的事情了。

第二,战争开始之前,荷兰东印度公司的台湾总督,曾卑躬屈膝于郑森的海洋王国。在这一时间点上,郑森的海洋王国打败荷兰东印度公司,是明了的。

第三,本来西欧对亚洲这一想法,在郑森的头脑中并不存在。从父亲郑芝龙统治中国海域时期开始,郑氏一族就是葡萄牙人和荷兰人的交易伙伴。郑芝龙自身早年也在澳门接受了洗礼,教名为尼古拉斯。郑森也承认意大利宣教师在厦门布教,他们之间个人的交情甚深。

在这样的环境下成长起来的郑森,是理解西欧人的思考方式的。尽管青年时期,他因为接受科举考试而学习儒学,然而,郑森在传统中国统治下产生的"华夷"思想,是自由形成的。大员战争,遵循西欧的国际法,缔结了议和条约而结束了战争,从这一背景可以看出,郑森存在着与荷兰人对等的意识。

从荷兰东印度公司方面看,与清朝相比,郑森更好沟通。1656年以降,荷兰希望与清朝直接进行贸易,但是清朝根据华夷秩序,只承认朝贡制度。

与此不同的是,郑森的海洋王国是支持交易的政权,与仪礼相比更注重实利,通过双方交涉,是可以制定妥协协议的。没有正确把握中国情报的巴达维亚,之所以没有预测到郑森的台湾攻略,理由也是如此。

审视郑森发动的台湾攻略,他试图构筑的世界的姿态逐渐清晰。

当时,在东欧亚各地形成了华人团体,各个团体组织贸易商人,与当地政权之间进行交涉。东印度公司,将这样的职务让翻译或者甲必丹担任,于是,间接地统治华人团体成为可能,大员华人的组织者就是何斌。

郑森称各地华人团体的住民为自己王国的人民,对于甲必丹层开始贯彻自己的意志。在1656年的布告中写道:"在大员的荷兰人,也与马尼拉的那些家伙(西班牙人)一样,视我的人民如同鱼肉。我得知此事,血液沸腾,气愤不已。"大员战争,是为救援大员的人民,由他们的组织者何斌,请求郑森所发动的大义之战。

第八节　未完成的海洋王国

正如本章所采用的布告所示,按照郑森的构想,将马尼拉在住华人视为自己的人民进行保护,初步完成了他的海洋王国。1662年2月,与荷兰台湾总督揆一缔结议和条约,郑森便早早地开始为征战马尼拉做准备。

为了向马尼拉派遣使节,4月,郑森面见了从厦门来的意大利多明我会宣教师李科罗。郑森让李科罗与郑氏政权的高官于5月10日,分乘由十艘船组成的船队前往马尼拉。但是,这个使节团违反了郑森的意图,结果给马尼拉在住的华人带来了灾难。

郑氏政权的高官不久便宣扬说,为了华人的解放,郑军将会攻来。菲律宾原住民对华人产生危机感,感到生命危险的华人接连发动暴动。西班牙统治者以武力镇压华人的暴动,杀害了不少华人。

乘着帆船逃到台湾的马尼拉华人,将马尼拉的窘况告知了郑森。郑森非常愤怒,据说他发誓攻打马尼拉。但是,这个誓言没有实现。

自从大员战争结束后,郑森的言行似乎发狂一般,其中有很深的缘由。

1661年夏季左右,清朝为了断送郑氏海上势力的后路,下令开始实施迁界令。这一政策,使中国海域临海的中国沿海地区,也就是从海岸开始向内三十里(约 15 千米)范围,江苏、浙江、福建、广东的居民被强制迁往内地。从在台湾战斗的郑森看来,清朝断了郑氏的后路,如果此时出兵马尼拉失败的话,之后就是衰亡之路。在过去的九个月,在与荷兰人的战斗和交涉中,郑森的身心深受重压,已经非常疲惫。

荷兰人撤退之后,疲劳困顿的郑森,又增加了一个精神上的打击。郑森的父亲郑芝龙及郑氏一族的人,于前一年的 11 月 24 日(中国农历十月初三日)被处刑的情报,在 1662 年 2 月下旬(中国农历正月)传入郑森耳中。郑氏一族的墓地被破坏的消息也传到了台湾。对于重视祖先的汉族人来说,父亲被杀,祖先墓地被破坏,等同于将自己从祖先基盘中剔除。从那以降,郑森激动的情绪很难抑制。或者此时,郑森的身体已经被病魔折磨的不能自已了。

1662 年 6 月 23 日,中国农历五月初八日,郑森突然病逝,马尼拉的远征计划也付诸东流。郑芝龙、郑森历经两代所构筑的海洋王国,在未完成之时,由郑森的儿子郑经继承。

如前述,郑森海洋王国的构想,从 1656 年对大员在住华人发布的布告开始,就非常明确了。郑氏贸易以五大商为基轴,从中国内地购入的物资,被出口到海外以补贴财政。郑森将在中国海域交易港生活的华人,作为自己的人民进行保护。另一方面,他掌握制海权,相对于荷兰人以及西班牙人等,处于优位,购入与清朝战争需要的军事物资。

郑森对内整顿纲纪,不允许有任何失败。郑森的阵营,由本书所述的海洋王国的住民构成。其中有很多才华出众的人,也有本来就是海盗头目的人。他们自立性很高,对郑森唯唯诺诺,是肯定统领不了这些人的。另外,郑氏一族内部,也并非团结一致。自从郑芝龙降清以来,已经暴露了郑氏政权的弱点,如果稍微放松管理,郑氏就有瓦解的风险,于是,郑森采取严罚主义政策,实属情非得已。

但是,也因为严罚主义政策,郑氏政权出现了很多叛变的人。在布告发出后不久,黄梧降清。黄梧在向清朝献策时,阐述了从中国海域的沿海地区,断送郑军物资供给的后路,并谏言摧毁郑森祖先墓地的计策。这些谏言被清朝采纳实施,穷追郑森,最终将其逼上了绝境。

后来穷追台湾郑氏政权的清朝将军施琅,也曾经是郑森手下的武将。施琅在郑森夺取厦门之时,是为郑氏政权立下过汗马功劳的人物。但是,因为与郑森的路线不一致,因而被郑森灭族,这也是施琅降清的原因。

海洋王国没有成为安定的海洋王国的理由,也许是因为海洋王国的住民生活在无拘束的世界,统治起来异常困难。

第九节　海洋王国的终结

郑森去世的二十年以后,1683 年 7 月(中国农历六月),在台湾海峡的澎湖列岛,攻守双方超过四百艘帆船发生激烈的海战,打了两个回合。攻打的一方,是原来郑森手下降清的施琅。坚守的一方,是郑森的孙子,年纪尚幼的郑克塽,由刘国轩辅政。本书所述的海洋王国,在澎湖海战中迎来了终结。

回溯到海战二十多年前的 1662 年的夏至,郑森留下了海洋王国的未来构想而急逝。简单整理他去世后未完成的王国的经纬,在海洋王国消失之后,来展望一下造访的亚洲的近世。

继承郑森海洋王国的人物,是长男郑经。郑经在明朝衰弱之际,1643 年 11 月 12 日(明朝崇祯十六年十月初二日),生于福建泉州府的安平,父亲郑森当年二十岁。在那之后,郑森因为一直抵抗清朝而转战各地,1661 年,郑森为了台湾攻略从思明州出发,而郑经基本上留在思明州。

郑森急逝,1662 年,郑经在厦门宣布成为王国的统治者。另一方面,在台湾,还存在着拥立郑森的异母弟弟郑世袭的动向。郑经出征台湾,为了避免叔父郑世袭分裂王国,按照郑经的指示,让其移居厦门。这件事成为祸根。

以金门为据点的郑泰,表面拥立郑经,但暗地却与拥立郑世袭的势力勾结,这种传言也入了郑经的耳中。拥立郑世袭的官员从台湾送给郑泰的书简,落入了郑经手中,这更加深了郑经对叔父的疑念。

郑泰相当于郑森的堂兄,作为海洋商人,拥有很多帆船,从郑芝龙构筑海洋政权的时期开始,郑泰就是郑芝龙的左膀右臂。郑芝龙降清之时,郑泰留在郑森那里,担任掌管财物的户官一职,支持政权。遍布中国海域和中国内地的五大商网络,郑泰是重中之重的人物。而且,1658 年,在郑森以攻取南京为目标,开始北伐的时候,郑泰留守思明州。1661 年,郑森攻打台湾之际,郑泰留守金门,一直担任要职。

　　郑森在将荷兰势力驱逐出台湾后不久,郑经与乳母私通生子的事情,传到了郑森耳中。已经处于精神失衡状态的郑森,命令郑泰去杀幼儿及乳母,同时也命令杀了郑经以及郑经的母亲(郑森的第一夫人)。对于此命令,郑泰只执行了一半,他没有杀郑经。尽管有这样的经纬,郑经仍然惧怕郑泰所拥有的强大势力,准备除去郑泰。

　　郑泰本身也并非一身清白,在郑森的南京攻略失败的时候,为了保存自己的势力,他曾将大额资金秘密储蓄在长崎。这件事在郑泰去世后才暴露,郑泰的子孙与郑经之间,在长崎提起诉讼,此事让日本的负责人很苦恼。

　　郑经首先指示郑泰担任金门和厦门的统领职务。感觉到了危险,呆在金门的郑泰,没有出席厦门举办的庆祝宴席。郑泰若辞职的话,就会被视为"异心"。据说近亲曾劝郑泰投降清朝,但是郑泰得知了郑芝龙及其一族的悲剧,没有采纳该建议而去了厦门。在宴会的席间,郑经软禁了郑泰。1663年7月10日(中国农历六月初六日),郑泰顿悟,按照现在的情势已经无法排除掉郑经,于是,他选择了自杀。得知郑泰自杀的消息后,金门残留的郑泰一党的二三百艘船以及八千人精兵,一起奔赴泉州投降了清朝。

　　排除郑泰势力,郑经的王国不仅仅失去了一部分战力,郑泰所掌握的五大商网络也受到破坏,失去了作为海洋王国的基盘。

　　利用郑森去世以及郑氏内部纷争的时机,荷兰东印度公司为了向清朝示好,企图恢复台湾失地,于1663年,荷兰东印度公司的舰船攻击了厦门和金门。1664年4月5日(中国农历三月初十日),郑经不得不将据点移至台湾。

　　继承郑森王国的郑经,1670年代,为了进口武器,在与英国东印度公司交涉时,自称"台湾王",被认为是独立王国的国王。但是,回顾他的前半生,他基本没有离开过厦门。与他的祖父郑芝龙以及父亲郑森不同,可以说他与海洋生活没有结缘。虽然在维持着海洋王国,但是他却并不能体会海洋王国住民的心情,这也是王国很快衰落的原因。

　　对于清朝实施的迁界令,应该不是没有应对策略,迁界令逐渐威胁了郑氏政权。在郑经的领导下,该王国从海洋王国逐渐转变成据守台湾的陆上政权。郑经领导下的郑氏政权,限制原来作为贸易商品砂糖来源的甘蔗栽培,为了粮食的自给自足而将其改成了水田稻作,从这点就可清晰的看出郑经政权性质的变化,同时,鹿皮等也停止了出口。

　　1674年,大陆掀起了三藩之乱。所谓三藩,是指清朝在统一中国内地时,对有功绩的汉人将军,在广东、福建、云南所设立的独立势力。在清朝整顿体制过程中,尚未取缔他们之前,他们发动的叛乱称为"三藩之乱"。

三藩方面,呼吁台湾的郑经参加,形成共同战线。郑经派遣海军,期待攻下北京的咽喉天津。但是,郑经固执于夺回自己长期生活的厦门。以厦门为中心,虽然暂时获得了福建、广东的势力圈,却威胁到了三藩的势力圈。结果,与三藩的联盟被打破,郑经受到清军的反攻,于1680年三月,逃回了台湾。

由于这次败退,郑经从此深居简出,在自甘堕落的生活中度过了晚年,在1681年3月17日(中国农历正月二十八日)郑经去世。围绕继承者的内部纷争,郑氏政权走上了自我灭亡的道路。

阅读描写郑氏一族始末的《台湾外记》,可以了解这个政权从诞生,到成长再到腐朽、崩溃的过程。

在郑经去世后的一年,中国农历正月初三日(1682年2月9日),郑氏政权的副将让眷属乘坐帆船,从澎湖列岛渡过台湾海峡投降,正月二十二日,相当于总理这一职务的人,夺取了民船与二十一名士兵一起投降。郑氏政权内部的叛乱者,开始不断出现。三月十一日,从台湾投降的士兵报告了郑氏政权的内部实情,"在台湾,米价高升,土番也即将叛乱,形势严峻,人心不稳"。

得知台湾郑氏政权走向崩溃情报的施琅,不顾清朝内部慎重论的反对,推进了台湾攻略的步伐。在经过了一年左右的准备后,中国农历六月十四日(1683年7月7日),施琅率领大小合计超过二百艘的优良舰队,从福建铜山港出港,迎风驶向澎湖。

另一方面,迎战的刘国轩,率领二百艘左右的舰船,在澎湖列岛展开了阵势。得知施琅的舰队接近的消息,他命令各港加强守卫,并说道:"我有胜算,施琅只不过徒有其名,今天是台风到来的时期,在这个时候渡海远征简直愚蠢之极。"果然,在半夜开始刮强风,海上开始形成三角波。

翌日的十六日早晨,施琅的舰队排成三列,出现在澎湖海域。刘国轩在澎湖妈祖庙前的入海处指挥战斗。顺风的郑氏方面的舰船一出击,就比逆风而来的施琅的舰船占了先机。郑军将枪口对准了站在帆船舰尾望楼上指挥作战的施琅,护卫喊了声:"大老爷,不好!"施琅在回身之时,护卫已经身受枪击而死。就这样,在第一回合的海战中,双方都受到重创,施琅带着舰队逃到了外洋。

在那之后，海洋持续了一段时间的暴风雨，双方都没有行动。刘国轩并不畏惧敌舰数量多，他对开始动摇的部下说道："不必害怕，有句谚语说'一个六月三十日有三十六种台风'。今天是十六日，从明天开始刮台风，称作观音飓、洗蒸龙飓，不可能没有风，这段时间各位养精蓄锐，期待胜利吧。"

另一方面，施琅的阵营在进行战术的探讨。一位叫做吴英的武将，献了一个计策，"刘国轩依赖的只不过是数艘舰船，我方不要一下子一起进攻，而要分散作战，组成'五梅花'的阵形，定能破敌"。施琅问道："何为'五梅花'？"吴英说："敌人船少，我方在数量上占上风，若以五艘战船组成一队，攻击敌人的一艘舰船，没有编组的舰船，成为游兵、奇兵、援兵，从远处观察战势，采取临机应变的方案，这样不会撞到舰船同事，每个舰船都能发挥各自的力量，定能一举歼灭敌舰"。施琅采纳了这个计策，采用五梅花阵攻打对方。

六月十九日早晨，北方的水平线上黑云涌动，风向变成北风，波涛怒吼。在兵将不安之时，突然响起了巨雷。当时，施琅军队兵将的表情变得轻松了。谚语云："六月一雷镇九台，七月一雷九台来。"时值六月，这一声雷鸣，海洋的男儿们深知对于敌军以及自我的意义。施琅确认了郑氏舰队将兵的动摇开始扩大化。

强风在持续了三日后，果然停止了。六月二十二日，迎来了决战。施琅命令手下二百三十六艘舰船，冲入妈祖庙的入口处，对郑军阵地以及舰船开始猛攻。郑军用大炮等火器进行抵抗，施琅的巧妙用兵，加之数量占了上风，使郑氏军队逐渐处于劣势。傍晚时分，统帅刘国轩放弃了澎湖，退回到台湾。

就这样，曾经属于中国海域海洋王国的人们，经过两个回合的激烈战斗，结束了海战。海洋王国迎来了终结之日，那一天，按照郑氏政权的年号是永历三十七年，清朝年号是康熙二十二年六月二十二日，西历1683年7月16日。

丧失战斗意志的刘国轩，要求主君郑克塽向清朝投降的建议被采纳。郑氏政权向在澎湖布阵的施琅递送了投降书，遭到了施琅的拒绝，于是，郑氏第二次递送了无条件投降书，施琅终于接受。施琅向清朝上奏了郑氏的投降文书，落款日期为康熙二十二年七月二十四日（1683年9月14日）。在那之后，在施琅的努力下，台湾被纳入了清朝版图。

第四部

互市体系

明朝初期,不承认不依据朝贡体制的互市,结果导致倭寇的私密贸易,以及西北边疆游牧民族的私密贸易横行,动摇了明朝的统治体制,互市从朝贡中分离了出来。也就是说,若中国与异国进行政治交涉的话,必须启动作为帝国原则的朝贡体制。因此,认同不伴随政治交涉,只进行交易的活动,1570 年,在以海洋为媒介的交易中,互市体系被导入。

海洋的互市体系,不包括无视东亚秩序,擅自行动的日本。作为明朝的敌人,丰臣秀吉出兵朝鲜的背景,隐含着必须克服这一状况的要求。继承明朝政权的清朝,发展了互市体系。清朝消灭郑氏政权后,于 1684 年,解除了迁界令,承认贸易。但是,清朝虽然承认陆地与海洋之间的交易,却严禁人们往来于海洋与陆路之间。16 世纪中叶,中国内地徽州商人网络与海洋商人联合,17 世纪前半期,福建的安平商人将中国内地与海外的网络相联合,形成了强大的势力。对于这种内地人与海外人关系网的诞生,清朝很恐惧。

外国商人若直接与帝国的官僚交涉的话,就摄入了政治关系。清朝也同明朝一样,不基于朝贡体制则不被官僚承认,于是,清朝设立了作为官僚与外国人之间中介者的特许商人职务。在广州的中介者被称为公行。清朝限定了贸易窗口,例如与日本的交易在浙江的乍浦,与欧美的交易在广州等,以各个港口设置的特许商人为中介,间接管理海洋的来访者。清朝承认贸易后不久,整顿了广东体系和欧美人的称呼制度。广州特许商人的公行,接受欧美人进行交易。欧美人与清朝官员不直接交涉,而是由公行负责交涉。

在中国港町设置的公行等特许商人,如同胎盘。母体的营养、胎儿的老废物,都通过胎盘,但是血液等不直接在母体和胎儿之间循环。同样,中国必要的物产,从如同母体的海外世界,通过如同胎盘的特许商人的媒介,流入如同胎儿的中国内地。反之亦然。但是,在外与内之间,阻止了相当于血液的人的往来。

17 世纪中叶,清朝缓和了这一原则,开始承认海外的华人往来于国内的事情。本章的主人公陈弘谋,就是以这一原则得到缓和为契机出现的人物。而本书最后一章登场的威廉·渣甸,则是在这一原则失效的情况下出现的人物。

第七章

陈宏谋(≠陈弘谋)

第一节　关于本名

　　在北京的旧市场街北角有座孔庙,前庭有一块石碑,刻着科举及第进士的名字,从元代的 1351 年起到最后一届科举考试的 1904 年,按照科举最终考试而举行殿试的年份,每年一基石碑,并排排列在那里。其中一块以"雍正元年癸卯恩科"为题的石碑,中段偏上一列刻着"陈弘谋"的名字。陈弘谋在清朝中期的官僚中,是比较有实力的官僚之一,因此,他是人尽皆知的人物,那么,他到底是位什么样的人呢?

　　依照中国史研究的顺序,对某一人物调查的时候,首先要从正史列传开始。正史的开端《史记》是例外,以后的正史都是一个王朝灭亡之后,由接下来的王朝负责编纂的。关于中国史上最后的王朝清朝,在做过一段时期皇帝的袁世凯的领导下,开始编纂正史《清史》的工作,并于 1927年,出版了纪传体的暂定版《清史稿》。但是,因为政局的混乱,对于围绕什么立场记述正史,产生了分歧,于是,当时没有完成正史《清史》的编纂。1949 年后,统一大陆的中华人民共和国,从自身的立场出发,着

陈宏谋

手编纂清史的工作。书写正史的政权应该为中国正统的统治者,这是汉代以来的传统,现在看来这是对中国人的约束。研究者对于清代的人物大致调查一番,便在不得已的情况下,首先完成了《清史稿》。

陈弘谋的略传,在《清史稿》卷三〇七,列传九十四载:

> 陈弘谋,字汝咨,广西临桂人。为诸生,即留心时事,闻有邸报至,必借观之。自题座右,谓"必为世上不可少之人,为世人不能作之事"。雍正元年恩科,世所谓春乡秋会。宏谋乡试第一,成进士。

之后,简单记录了他为官的经历以及事绩,关于他的去世,写道:

> 〔乾隆〕三十四年、以病请告,迭谕慰留。三十六年春,病甚,允致仕……六月,行至兖州韩庄,卒于舟次,年七十六。命祀贤良祠,赐祭葬,谥文恭。

按照本书的原则,首先探讨人物的本名。《清史稿》中他的本名为"陈宏谋",字汝咨,谥文恭。这里首先需要探讨一个课题,即他本名的表记,是石碑所示的"陈弘谋",还是如《清史稿》中出现的"陈宏谋"?

关于研究、叙述,虽然应该按照人格以本名的原则记载,但是确定本名的确非常困难。例如,清朝的第四代皇帝,爱新觉罗·玄烨(≠康熙帝)以降,出台了名讳制度,有些字臣民不能使用它来做本名。第三代皇帝福临(≠顺治帝),本名是满语,即使用"福临"来表记,也只是使用了相当于汉字的名字。但是,福临时代以降,皇族采用汉字的名称来命名,因此,开始禁止使用清朝皇族构成本名的汉字。

必须避讳的字,置换成同音的其他汉字,或者有意去掉该汉字的最后一个笔画,来表达对皇帝的敬意。这一名讳,王朝维持着这一规定。现代人也许会认为是虚礼,但这却为历史研究者推测书籍或者书简的执笔年代,提供了方便的参考规则。

第六代皇帝乾隆帝,因为他的本名为爱新觉罗·弘历,所以,"弘"字成为避讳的汉字。乾隆期以降,开始使用缺少"弘"的最后一画"、"的文字。因此,雍正时期书写的进士的题名石碑,记载的本名"陈弘谋",乾隆期以降,为避讳"弘"字,陈弘谋写成的上奏文使用缺少最后一画的"弘"字,《清史稿》列传使用了发音相同的"宏"进行了置换。但是,在进行历史研究的时候,作为进行认同的指标,应该使用本名,为了保持客观性,应该不影响史料的记载。因为研究者不是清朝臣民,所以应该使用本名。

下面回到陈弘谋,列传记载"字汝咨",用汉语表示本名意思的"讳",对本人直接称呼的话是失礼的事情。这种感觉起源于古老的思考方法,即认为若本名被别人知道的话,会被施以咒术。为了不使用本名,则使用相当于一个人的人格的各种标识。用于社会交际等场合的标识,就是"字"。字多数情况使用由讳联想出来的文字。陈弘谋,字"汝咨",讳"谋"具有"商谈"之意,由此联想到"咨"这一文字。但是,因为这个字也让人联想到标识,不亲切的人不用心使用,会有失礼的感觉。任官时的官职名,用来作为实际称呼的标识。在文人之间的交际中,使用"号"。陈弘谋,号榕门、培远堂。号多数情况是文人自己命名表记自己,由别人命名的号,是否使用则取决于本人。号作为文人自他认同的标识,用于文人同士的书简,以及出版物的题目等,使用范围很广泛。培远堂这个号,是"培养远虑"之意,也就是说,站在长期视野实施政策,这其中可以读出陈弘谋的思想。

根据列传,陈弘谋虽然出生于广西这一中国南方的边疆省份,但是据说他自幼开始读"邸报"(京报)这一传达中央动向的报纸,努力地拓展视野。邸报大约十页,登载皇帝的上谕、官僚的上奏等,持续阅读的话,虽然这是来自王朝方面的视点,但是却能够把握清朝全局的动向。他年轻时的座右铭,是"定要成为世上缺少的人物,定要完成常人无法完成的事业"。这里出现的"世",对他来说应该是"世界",具体来说,是邸报宣传的"世界"。

第二节　对海域世界华人的应对策略

陈弘谋历任地方长官时代,直面的课题是清朝应该采取什么措施应对人口的急剧增长。明末清初的战乱时代结束后,清朝镇压了三藩之乱,台湾的郑氏政权投降后,清朝的统治进入了安定期。清朝的社会构造是,少数满族统治多数汉族,因此,历代皇帝都畏惧叛乱,为了不让人民挨饿而殚精竭虑。与安定期同时出现的是生育的高峰期,康熙、雍正、乾隆统治的百年盛世,是清朝的繁荣期,这一时期人口剧增。在这一背景下,政府实行奖励政策,显示出了实效,玉米和地瓜这样的来自美洲大陆的农作物开始普及,本来无法耕种农作物的斜坡地以及荒地,也变成可以进行农业生产的土地,因为市场经济的成熟,国内物资的流通也开始顺利进行。长期持续的人口变动,如何进行历史的分析,这一研究课题是尚未开拓的领域,期待今后的研究可以有所进展。

人口剧增的征兆开始显现是在乾隆七年(1742年),现在还保留着当时内阁的上谕。在上谕的冒头,写到了《周礼》天官九职之中的三农、园圃、虞衡、薮牧,当政者为了天下万世,应该供给足够的物资,不仅仅只有农业,还要种植谷物以外的草木,开发山林及川泽,让鸟兽繁殖,指出这是地方官僚的使命。对于皇帝亲自指示开发天然资源的背景,上谕论述如下:

> 国家承平日久,生齿日繁。凡资生养赡之源,不可不为亟讲。①

这里指出了问题的所在,即开发天然资源变得必要,尽管人民也有强烈愿望,但是地方官僚畏于开发前后的混乱,而没有着手进行。这一上谕直接的对象是总督、巡抚。在这些高官赴任的地区,根据土地特质制定政策,不错过时机进行运营,对于已经开垦的资产加以保护,对于尚未开拓的土地,制定各种计划,有责任和义务不浪费土地和民力。

陈弘谋积极解决如何让人民不挨饿这一课题,奖励栽培地瓜,开发野蚕等地区特产,推进矿山经营的合理化。关于他这方面的业绩,除了罗威廉的著作②以外,拙文③也进行了论述,可以参阅。

粮食不足给中国国内的自给自足带来困难。陈弘谋在乾隆十八至十九年(1753—1754年),作为布政使管辖的福建省,山地面积大,耕地面积少,米谷不足,这令陈弘谋很烦恼,于是不得不依靠从对岸的台湾购买。陈弘谋赴任之前,从台湾来航福建的商船所载米谷的量有限定,陈弘谋为了缓解这一规定而进行了上奏,获得批准。为了顺利地从东南亚进口谷物,他发出了内容如下的檄文:

> 严禁各口需索米船檄　乾隆十九年闰四月
> 海船带米入口,守口官役,不得藉盘查名色,留难停泊,守候苛索。

---

① 中国第一历史档案馆编:《乾隆朝上谕档》第一册,北京:中国档案出版社,1991年。

② 罗威廉:《救世:陈宏谋与十八世纪中国的精英意识》(*Saving the World：Chen Hongmou and Elite Consciousness in Eighteen-Century China*),斯坦福大学出版社,2001年。

③ 上田信:《中国生态系统与山区经济——以秦岭山脉为例》(「中国における生態システムと山区経済－秦嶺山脈の事例から」),沟口熊三等编《长期社会变动》(『長期社会変動』),东京:东京大学出版会,1994年。上田信:《封禁、开采、弛禁——清代中期江西的山地开发》(「封禁・開採・弛禁－清代中期江西における山地開発」),《东洋史研究》六一一四,2003年。

……今已入夏,南风盛发,正外洋商船连帆入口之时,又值内地需米接救之会。……凡有外洋商船入口,照例查验,如果人照相符,又有行户保认,立即放行。米谷多少,听其随处运粜。其近洋船只,如往把箭、柬埔寨港口等处,入口者原无别货多载米谷,更宜随验随即放行,不得借故刁难需索。……①

读了这篇檄文可以知道,他们进口了柬埔寨等东南亚诸地域运来的米谷。然而,"把箭"这一地点并不明确。18世纪,现在的泰国以及柬埔寨等东南亚大陆的河川流域地带,在成为英国、荷兰殖民地的东南亚岛屿,开展大型农场作为粮食供给地的地位逐渐稳固。这里生产的米谷,向人口急增的中国内地出口。

"行户"就是在各个港口,被委任与国外进行交易的特许商人。特许商人取代官僚独占与海洋船的交易,以来港的外国人的接受者名义,在产生纷争之时,介入官僚与外国人之间,负责解决事态争端。在广州与西洋商人进行交易的"公行",就是这样的特许商人。

经营米谷的大多数商人,是根植于出口地区的华人。柬埔寨的情况是,明末清初为避免战乱渡海的华人,在湄公河下流开始生活,17世纪末,中国商人取得了国王的信任,开始掌握交易。福建出身的华人也不少。为了让其发展米谷进口,陈弘谋采取的政策是保障华人的中国人身份。在论述陈弘谋的事绩之前,有必要简单回顾一下清朝的华人政策。

在明朝走向灭亡,清朝征服中国内地的过程中,很多汉族逃往国外。因此清朝初期,对支援抵抗清朝运动的国外华人提出警告,对华人表现出压制的姿态。台湾郑氏政权投降后,经过一个世代的岁月,到了康熙五十六年(1717年),作为对海外华人的恩赦,终于开始承认他们,让他们归国。但是,条件很严格,要求从恩赦发布起的三年内归国,而且,康熙五十六年以降,对于出国的人,没有酌情考虑的余地,不可以进入中国港口。这一称为"南洋例"的布告,清政府要求通过外国船的翻译,向国外居住的华人传播。到了雍正五年(1727年),取缔的政策开始缓和,通过正规手续,为了经营贸易,以三年以内归国为条件,可以出国。在那之后,出国从事贸易的人数急增,银以及米谷也开始带到中国。另一方面,乾隆元年,即使是在"南洋例"

---

① 《培远堂偶存稿》文檄卷三四。

发布前出国的华人,出国年限超过三年也可以归国。

而且,在乾隆二年,17 世纪末期,尽管有禁令,但是还有很多中国人渡海去国外。在爪哇岛,荷兰东印度公司为了发展巴达维亚,为了督促华人居住,诞生了华人团体。1727 年,禁令一得到缓解,中国人的流入量就增加了。超过三年的期限,留在那里的中国人也不少。但是到了 1730 年代,荷兰人对于过度增加的华人,产生了戒备心理,实施强制华人回国的政策。从华人的角度来讲,尽管出台了"南洋例",长期在海外的华人,若归国的话,也可能被清政府当成罪人看待。而且,限制华人与内地关系的清朝政策,弱化了华人的地位。荷兰人与华人关系紧张,1740 年(乾隆五年),发生了荷兰人虐杀华人的事件。据说有一万人以上的华人被杀害,这就是在中国众所周知的"红溪惨案"。

乾隆十四年(1749 年),发生了让华人贸易活动萎缩的事件。原籍为福建省的陈怡老,从澳门秘密地渡海到爪哇岛,在那里居住二十余年,成为了"甲必丹",积累了巨额财富之后,在现任妻子及子女的陪伴下,为了与年迈的老母见面回到中国,却被逮捕,清朝以违反"南洋例"的罪名拘捕了他,没收了他的财产,并对他处刑。在清朝的文书中,虽然称为甲必丹(商馆长),实际听说他是辅佐商馆长担任财物职务的"雷珍兰"("兰" luitenant ="英" lieutenant)。这位华人被处罚的理由,与其说是他在海外居住超过三年以上回到国内,倒不如说是因为他在东印度公司的领导下工作。这个事件之后,对于在海外长期居住的华人,开始控制他们来航中国。

为了转变交易停滞状况,乾隆十九年四月,陈弘谋以奏折的形式,直接向皇帝提出了上奏,内容如下:

> 自康熙五十六年至今,在番之人,已自不少,即现在每年,入番贸易,因有事故,稽留不能即归者,亦事之所有,孰无故土之思?流落异域,情属可悯。方海宇升平,皇上德威远播,声教洋溢,海隅日出之区,罔不重译来朝,喁喁向化。外番诸国之人,入闽贸易者,现在络绎不绝,抑且去来无阻,乃以中国之民,听其陷于异域,日积日多,保无滋事生衅,反非内外防关之道。臣之愚见,南洋海禁已历二十余年,凡在番邦贸易者,无论例前例后,均应准其回籍。[1]

---

[1] 《宫中档乾隆朝奏折》第九册。

针对陈弘谋的上奏,皇帝用红笔指示"军机大臣议奏",就是在军机处进行协议,表达见解的意思。

皇帝的裁决迅速得到执行。在陈弘谋上奏提出的同年六月,陈弘谋在福建省发布了"晓谕出洋贸易各民,携眷回籍檄"。根据该檄文,承蒙"圣恩","在海外进行贸易的良民,不管过去现在,因为买卖决算没有结束,在期限内不能归国者,一概允许回到原籍"[①]。

乾隆十九年(1754年),清朝对华人政策转变之后,对于华人的警戒心理仍然没有完全解除。但是,承认华人归国的原则,使东欧亚围绕中国的交易,变得越发活跃。对于急增的人口应该如何供给粮食,对于这一课题的一个回答是,陈弘谋推进华人地位的提高有实际存在的功绩。

本章最初所示《清史稿》列传,陈弘谋去世时,记载为"谥文恭"。谥是去世之后由别人为了表达对他生前事绩的评价而赠与的名字,在官僚中,有特殊功绩的文官,由皇帝赠与"文□"的谥号。历史上有名的文官,如林则徐和李鸿章的谥号,都是文忠。赠与文恭这一谥号的文官,除了陈弘谋,还有清末推进国政改革的翁同龢。赠与陈弘谋的谥号,表现出对他为清朝鞠躬尽瘁、诚心诚意工作精神的赞扬。可以说这一业绩,不仅影响了中国国内,还波及了东欧亚居住的华人。

---

① 《培元堂偶存稿》文檄卷三十四。

第八章

威廉·渣甸

第一节　渣甸计划书

　　清朝限定贸易港,虽然承认与国外互市的通商,但对于外国人来讲,却是不方便的制度。清朝不承认与官僚的直接交涉,如果想要交涉,必须以对清朝皇帝"朝贡"的形式进行。19世纪,对于近代世界体系中心的英国来说,其中的一个课题是让中国开放门户。在鸦片战争中取得胜利的英国,与中国缔结了《南京条约》,要求中国开放广州、福州、厦门、宁波、上海五个港口。通过战争,达成自由贸易企图的人物,就是作为鸦片商人而闻名的威廉·渣甸。渣甸为何会制定这样的计划呢,下面以保留下来的书简为线索进行分析。

　　从鸦片战争结束到中华人民共和国成立的约一百年间,以香港为中心,东欧亚屈指可数的综合商社怡和控股有限公司,1832年创建于广州,由出身英格兰的威廉·渣甸和詹姆士·马地臣共同经营。这一商社与作为广州"公行"的特许商人集团的伍崇耀联合,继承了伍家商号原来的"怡和"名字,成为亚洲知名的怡和洋行。创立者之一,如后述,因为渣甸在爱丁堡学习医学,所以他的正式标识被表记为"威廉·渣甸博士"。另一方面,他在中国,作为鸦片商人有"铁头老鼠"

威廉·渣甸

的绰号。他将印度生产的鸦片贩卖到中国,开始向社会成功人士的道路迈进。

道光十八年(1838年)九月,清朝皇帝爱新觉罗·旻宁(宣宗、道光帝),向总督、巡抚级别的官僚征求鸦片对策后,制定了严禁鸦片的方针。出台意见之时,实际上,皇帝已经决定了方针。征求意见的理由,是为了选择能够派遣到广东实行严禁鸦片的人选,这位选定的人物就是湖广总督林则徐,皇帝任命他为钦差大臣,到广州禁烟。

皇帝决心禁烟的理由,举出了白银外流导致经济混乱等原因,但实际上最大的原因,是因为鸦片在帝国士兵之间蔓延,使其无法应对地方发生的叛乱以及政局不稳,因而心生恐惧。从18世纪末开始,在中国不断发生叛乱,清朝苦于应对。对于清朝来说,具有由少数异族统治中国这一构成结构上的弱点,在叛乱没有发展到无法镇压的程度之前,将其镇压下去,这是最重要的政治课题。

1839年,林则徐一到达广州,就于西历3月18日着手严禁鸦片。他将从外国商人那里没收的两万箱以上的鸦片,集中在海上航行的商船可以望见的虎门海滨,将鸦片与石灰混合注入海水,利用石灰发热烧毁了这些鸦片。当时,渣甸表面上已经退出了商会经营,正在返回英国的途中。在意大利得知此消息的渣甸,比原来的日程提前回到了伦敦。

渣甸如何在第一时间得到严禁鸦片的消息,并不能确定。但是,详细的状况,当时在广州现场的马地臣,在五月一日的信件[1]中有明确的说明。在这封信里,他写到了林则徐对渣甸给予强烈的关心。林则徐在信中被表记为钦差(Kinchae),或者广东语发音的"Yum chae"。

对于前来调查的钦差的状况,中国人似乎也很好奇。据说是位非常亲切、知识渊博的人。证人若是踌躇或是装不知道,他会说:"你知道的,我都知道。如果不想被处罚的话,就老实交代。"然后向一位翻译(原文为"one of the linguists",会英语的中国人——引者注)问道:"颠地氏和渣甸氏,谁的鸦片代理权大?""渣甸氏的财产据说有三百万美元,是真的吗?"被问的人回答:"不是的,估计有一百万美元左右。"当被

---

[1] 该书简引自以下书简集。阿兰·勒·皮雄:《中国贸易与帝国:怡和洋行与英国统治香港的发端1827—1843》(*China Trade and Empire: Jardine, Matheson & Co. and the Origins of British Rule in Hong Kong 1827—1843*),牛津大学出版社,2006年。

问道"他拥有的是现金吗?"的时候,回答为"不是的,大部分为中国物产的固定资产"。奇妙的事情是,钦差竟然会外语词汇,重要的部分他能够使用英语或者葡萄牙语交流,令证人非常吃惊。①

林则徐被任命为钦差大臣,赴广东搜集鸦片交易的详细情报。到达广州之前,他掌握了概要,制作了关于严禁鸦片的具体进程表,矛头直指渣甸的鸦片交易。林则徐可以说是前章的主人公陈弘谋的后继者,他继承了有能力的清朝地方长官的行政手段。林则徐赴广东调查鸦片交易到鸦片战争爆发的过程,也是林则徐与渣甸之间进行情报战的过程。

到达伦敦的渣甸,不断接触对英国的亚洲政策有影响力的人物。1839年12月3日,渣甸在给马地臣的信中写道:"约翰·阿拜·斯密斯大概向您传达了,我们上月20日拜访帕默斯顿子爵时,听到了一些风声。大臣打算让中国人赔偿鸦片的损失,如果派遣足够多的军队的话,就能够达成此目的。"斯密斯是伦敦的实业家,与渣甸和马地臣是交易上的朋友。

与外相有交接的渣甸,以没收鸦片为口实挑起战端之后,他提案表示英国应该采取的战略是在战胜的时候,与清朝缔结条约并增加条款。这是渣甸计划的报告书,1839年12月14日,提交给了当时英国外相帕默斯顿(亨利·坦普尔,第三代巴麦尊子爵)。

很早以前,渣甸计划书的存在并未被人所知,实物以及复制品现在所存之处不明。帕默斯顿接受了计划书中的一些论点,渣甸于1835年12月19日,再次提出了提案书。从这封信的一部分内容,能够看出渣甸计划书的一个侧面。

> 根据我的建言,派遣海军,封锁从塔塔壁(the Tartar wall)到电白,北纬四十度到二十度之间的中国沿海。派遣的舰队,应该每种舰船派遣两艘,构成两列。两艘驱逐舰与两艘河川航行用的平底蒸汽船,集合多艘货物搬运用的船舶……兵员大约在六七千人左右。舰队逼近北京,直接逼迫清朝皇帝,让他向英国遭受的侮辱谢罪,让他支付鸦片费用,缔结公平的通商条约,要求开放港口进行贸易,北方的诸港,即厦门、福州、宁波、上海,如果可能的话,也将潮州作为自由交易港开放。其中,前两条的要求(谢罪与赔偿——引者注),虽然会容易实现,但是

---

　　① 詹姆士马地臣给在伦敦的威廉·渣甸的信,1839年5月1日。

第三条、第四条（条约缔结与开港——引者注）可能会遭到拒绝。这种情况下，继续占据三个或者四个岛屿。台湾、金门、厦门，至少占据其中的两个岛屿，中断外界与台湾的交易。而且，也应该占领舟山岛。这个岛距离北京近，会令皇帝头疼。若获得这些岛屿的话，中国人无论如何都会答应我们的条件。正如殿下考虑台湾那样，这个岛屿，住民若不听从我们的意见，就是过于夸张了。[①]

这里的塔塔壁（the Tartar wall），位于长城东端，应该指面临渤海的山海关。这里正好是位于北纬四十度。另外，电白（Tianpack），是位于雷州半岛东部的镇，在北纬二十一度的位置，明代洪武二十三年，为了镇压这里的海盗而建立了城塞。电白这一名称，因这一带的雷多而命名。

长年在中国活动，读了渣甸根据中国内情制定的具体而且有说服力的渣甸计划书，当时的帕默斯顿坚定了向中国派遣海军的决心。作为政治家，慎重的帕默斯顿，对于自己的派兵立场，到翌年 1840 年才公开。1840 年 4 月，政府在下院对远征军的战费支出进行了讨论，其中，反对决议的二百六十二票，支持者二百七十一票，以极弱的优势赢得了政府对战费支出提案的支持。

帕默斯顿在鸦片战争结束之前，一直未公开这份计划书的谏言。对于英国来说，成功结束鸦片战争是在 1840 年 11 月 28 日，帕默斯顿在给斯密斯的信中写道："在处理中国的海军、陆军以及外交的事情上，您与渣甸氏直言不讳的谏言与情报帮了大忙。"[②]

第二节　情报搜集

鸦片战争分为三个阶段展开。

第一阶段。在印度组编的英国舰队，由十六艘战舰以及三十二艘运输

---

① 阿兰·勒·皮雄：《中国贸易与帝国：怡和洋行与英国统治香港的发端 1827—1843》（*China Trade and Empire：Jardine，Matheson & Co. and the Origins of British Rule in Hong Kong 1827—1843*），牛津大学出版社，2006 年。

② 参见《中国的贸易与帝国》，第 43 页注释 107。

船、武装汽船等组成。1840年6月,英国远征军到达广东港口,虽然宣言封锁海上,但是林则徐戒备森严,他们发现在广东交战不利,于是便北上,占领了舟山岛,封锁了宁波以及长江的河口,继续北上到达渤海,八月,到达与北京相通的白河口,英国方面向清朝递交了外相的书简,要求进行解决纷争的交涉。交涉在大沽举行,双方约定,重新在纷争地广东会谈,于是,远征军回到南方。林则徐被免职。

第二阶段。清朝新任命的钦差大臣,是满洲正黄旗的琦善。负责官员由汉族官僚转换成满洲旗人,清朝的意思是最优先保全王朝。英国远征队11月末到达澳门,开始与清朝方面交涉。琦善撤销了林则徐设置的海防设施,探寻妥协之路,但在割让香港的问题上双方陷于僵局。英国舰队在1841年1月,攻击守卫虎门的炮台,让清政府承认割占香港等条件。琦善也因为没有尽责而被罢免。

第三阶段。皇帝发布布告,向英国宣战,任命皇族的奕山为靖逆将军。2月下旬,在广东再度开战。英国采取彻底使用武力威胁清朝的方针,开始直接面向北方进行大规模作战,相继占领厦门、定海、镇海、宁波,也向沿海地域的内地发兵。1842年,英国击败了驻防八旗的反击,占领乍浦,继而攻打上海。7月,攻打长江与大运河的交汇地镇江,这一战役挫败了清朝继续战争的意志。8月,英国军队逼近南京,清朝插上白旗投降。投降后的议和交涉仅三日就结束,清朝原则上接受了英国的全部要求,8月29日,双方缔结了《南京条约》,鸦片战争结束。

《南京条约》的内容主要包括:开通广州、福州、厦门、宁波、上海为通商口岸,割让香港给英国,支付没收鸦片的赔偿金,废除公行以及允许在开港地自由贸易。鸦片战争展开的进程与《南京条约》的内容,与上述引用的渣甸计划书巧妙地一致。《南京条约》中割让香港一条,在渣甸计划书中并没有提及。对于香港的便利性,马地臣似乎强烈地意识到了。

为了保持实际与谏言的一致性,在鸦片战争之后,也许渣甸计划书的内容经过了改动,所以,该计划书的可信性值得注意,笔者自身无法确认它的真伪。① 渣甸给帕默斯顿的谏言,若引用各处如实反映了的话,那么,渣甸可以说真正把握了清朝的弱点。

---

① 参照《中国贸易与帝国》,第43页注释107,第407页注释164。

清朝最大的弱点,就是海上战斗力弱。郑森建立的台湾郑氏政权,在1683 年投降清朝之后,尽管清朝取缔了小规模的海盗,但是还不能与大规模的海上势力抗衡。明代建造的防卫据点,也到了应该修缮的程度,清朝拥有漫长的海岸线,然而海军势力却很弱。从印度派遣来的仅仅几艘舰船,补给线也很长,若打持久战的话,肯定不会胜利。但是,英国熟知沿海地区的情况,能够突破任何要塞,舰船从广州沿岸直指帝国的咽喉,使清朝皇帝陷入极度恐慌状态。而且,英国舰船登陆的舟山列岛,如第七章所述,16 世纪,作为倭寇的根据地而闻名。拥有海军实力的英国,据守舟山列岛,历史教训告诉清朝,这是不容易对付的事情。英国军队在舟山列岛烦恼的并非清朝的守备军,而是疟疾等传染病的流行。

第二个弱点,正如前章在论述陈弘谋的时候简单涉及到的,清朝统治下人口急增,仅仅依靠国内粮食则供给不足,必须依靠从台湾、东南亚进口米谷。渣甸控制了米谷交易的据点,试图切断物流。而且,英国舰队攻击了大运河的要塞镇江,清朝惧怕英国切断贯通南北的大动脉。占据了镇江,就会使首都北京陷入粮食枯竭状态。

第三个弱点,也是最致命的弱点,就是清朝皇帝独裁的王朝体制。清朝在明朝末期混乱的基础上,帝国的裁决实行皇帝集权制度。清朝限制宦官介入政治,整合了地方长官与皇帝直接交流的奏折制度,为了不诞生凡庸的皇帝,废除了嫡长子自动继承皇位的皇太子制度。结果,清朝不断产生有能力而且勤勉的皇帝,各方面发展繁荣。可以说,清朝是自秦始皇开始的中国王朝体制的完成型。面对鸦片战争的皇帝爱新觉罗·旻宁(≠道光帝),尽管不及清朝兴盛期的皇帝,但却诚实地勤于政务。但是,在皇帝统治的满族领导层频频出现存续危机的时候,皇帝的判断表现出了违反中国全体利害关系的弱点。

渣甸自身居住在作为据点的广州,并未到中国沿岸地区广泛参观。据说他的办公室连坐的椅子都没有,没有闲暇的工作狂渣甸,更没有时间阅读中国的历史。探究渣甸熟知清朝弱点的背景,了解他的交际关系是非常必要的。

他手下有一位对中华帝国具有洞察力的人物,这个人就是普鲁士出身的新教徒宣教师郭士立(Gutzlaff, Rev. Charle)。1826 年,郭士立由荷兰传道协会派遣到巴达维亚,三年间,他在泰国一边进行布教活动,一边将新约圣经翻译成了泰国语,从 1831 年开始在中国传教。正好当时,渣甸在广州以外的地区,进行鸦片走私计划。1831 年 10 月,怡和洋行所属的交易船施路夫号(Sylph),率先从广东北上,进出于从福建到辽东的海域,频繁进行鸦片的走私运输。沿着施路夫号开拓的网络,商会的交易船挺进中国沿海地区。与商船同行的,有担任翻译的郭士立。

1833 年,郭士立在交易船"约翰·比加号"上写信给广州的渣甸,叙述了沿海各地的市场动向:

> 迎着清爽强烈的海风,通过了我们这次最初的目的地南澳(Namoa)(汕头海洋上漂浮的岛屿,后期倭寇的据点——引者注)。……在这里,从台湾进口的或者当地生产的米谷丰富,经调查得知,价格是四美元一百八十斤。米比我们的物品有优势。但是,并没有失望,南澳这里比泉州(Chinchew)的市场价格要高。①

1834 年,博学的郭士立还给渣甸写了一封信,内容如下:

> 在推进与中华帝国的自由交流中,您做了很大贡献。多亏了您的贡献,双方在宗教、科学与通商领域,期待能够取得更大的成果。因此,我将拙著《中华帝国概说》(A General Description of the Chinese Empire)献给您。相对于欲在中国传递福音的我的微薄努力,您真的帮了大忙。我怀着对您的这份尊敬与感谢,写了这本著作……欧洲人所著关于中国的书,我基本都读过,他们将在中国的所见视为自己的东西。这本著作加入了我在这个国家度过的这数年间对中国的观察。因此,对欧洲的读者来说,许多耳目一新的事情,能够成为其他作者写作报道的借鉴。因此,遵从精通英语的伙伴的意见,我打算校正原稿中不成熟的英语表达。②

郭士立所著《中华帝国概说》,不仅仅是他作为渣甸贸易翻译的大贡献,该书也提供了各种各样的关于中国沿海地区的情报。为了表示感谢,由渣甸出资,该著作以《中国史略》(A Sketch of Chinese History: Ancients and Modern, Composing A Retrospect of the Foreign Intercourse and Trade with China)为名,1834 年在纽约出版。

离开渣甸之后,郭士立就任英国政府的外交事务翻译官,因为看到了日本人漂流民的麻烦,他学习了日语,完成了最初的日语圣经《约翰福音传》

---

① 郭士立在"约翰·比加号"船上写给在广州的威廉·渣甸的信,1833 年 8 月 6 日。
② 在广州的郭士立写给在广州的渣甸的信,1834 年 6 月 20 日。

（《约翰福音书》）的翻译。以在日本布教为目的，1837年，他乘坐美国的莫里森号到达日本，但是因为江户幕府的对异国船只驱逐令，他们的船也遭到了炮击，所以没有达成目的。

郭士立对亚洲的认识是深刻的，渣甸从他那里学到了很多。鸦片战争之后，英国政府开始关注对于中国的认识，郭士立作为外交顾问，在当时很活跃。虽然尚未确认，渣甸在给外相帕默斯顿的谏言之时，也许帕默斯顿会问他为何如此了解应对中国皇帝的方法，渣甸定是说出了郭士立的名字，或者作为推荐图书，渣甸将《中国史略》推荐给了帕默斯顿。所以，渣甸与英国的亚洲外交息息相关。

第三节　成为绅士之路

钦差大臣林则徐到达广州的时候，渣甸已经退居鸦片走私贸易的第一线，他人生之中初次踏上最后的优雅之旅。如果林则徐将渣甸逮捕了的话，鸦片战争的结局也许会改变。渣甸计划书的提出，这在他本人的人生之中，究竟占据何等位置呢？

1784年，渣甸出生在英格兰的一个小型农场主家庭，但是并不富裕。渣甸接受哥哥的支持，毕业于爱丁堡医学校，1802年，十八岁的他成为英国东印度公司的船医。公司在交易船上给从业员两箱的使用空间，允许从业员发挥自己的才能，利用这两箱空间储存商品，获得利益。渣甸将这一权利利用到了十二分的极致地步。在从业员中，有不利用这些空间的人，渣甸从这些人那里租借空间进行交易，积累了独立资金。1816年，他离开公司，作为印度—中国贸易商社的代理人，创造了成为地方商人的基盘。

1600年设立的英国东印度公司，独占了西部从喜望峰开始，东部到达麦哲伦海峡的广阔地域的交易权。在这一体制下，连结印度与中国之间交易的民间商人，就是地方贸易者。他们并不从事英国本国与殖民地之间的交易，活动范围限定在印度洋与中国海，因此被称为地方贸易者。从18世纪后半期到19世纪初期，英格兰出身的商人在这一领域形成了人脉网络。不仅仅是渣甸，还有他的伙伴马地臣，也出身于英格兰，他们是这些英格兰商人网络的一部分。

18 世纪后半期,决定英国对亚洲政策的阶层,是绅士资本家。原本在英国大地主的绅士阶层中,不继承家业的次男、三男等在公立学校接受教育之后,进入在印度等地的英国殖民地的统治机构。完成任务归国后,他们在伦敦和英格兰东南部生活,从印度财政领取年金,过着优雅的生活。担任这些年金的收支以及运输任务的阶层,是伦敦的城市金融业者和海运业者,金融、保险业者与绅士的利益关系是一致的。围绕从这些殖民地经营产生的年金而形成的阶层,就是绅士阶层,他们对作为年金源泉的东印度公司,具有独占权。

相对于主要以英格兰出身者为中心形成的这一统治阶层,苏格兰出身的人进入绅士阶层相对较晚。因此,他们不能进入东印度公司的核心部门,只能担任公司的附属任务,围绕亚洲产品进行与西班牙、葡萄牙、丹麦等之间的交易,作为地方贸易者,成为民间海洋商人。渣甸就是这些苏格兰商人的典型例子。

1832 年,他创立了现在的怡和洋行,作为伙伴成员的马地臣也出身于苏格兰。与渣甸独特的商业眼光、果敢经营的优点不同,马地臣作为组织者,具有让公司稳定发展的能力。而且,与渣甸的工作狂性格、一生独身的生活方式不同,马地臣乐此不疲地通过社交与中国人交往,而且据说也有女人。性格不同的两个伙伴,让公司得到了飞速发展。而且,马地臣通过苏格兰商人网络,与马尼拉的西班牙人也建立了稳定的关系。鸦片战争期间,英国商人虽然被从中国驱逐,但是只有怡和洋行,将据点转移至马尼拉继续交易活动。

渣甸等地方贸易者,热切希望加入海外与本国之间交易的行列。在1833 年,机会终于来了,公司的许可证得到了更新。公司在印度的商业活动被停止,翌年的 1834 年,中国与本国之间的贸易独占权以及茶叶的贸易独占权被废除。渣甸迅速介入茶叶交易,他拥有称为运茶帆船的快速船,能够向英国本国迅速运输茶叶,于是,他竞争掉了其他公司,使怡和洋行取得急速发展。1837 年,他个人的资产,据说超过了三十万英镑。一磅按照英国金币一枚计算的话,那么他的资产超过了二百公斤纯金。按照 2009 年黄金市场价计算的话,超过了六十亿日元。

渣甸在林则徐赴任广州之前隐退归国,在伦敦的中心大街建立了宅邸,他在从事走向政治家之路的说客活动的同时,在苏格兰的佩思郡购买了土地,1841 年,他成为了英格兰西南部德文郡阿什伯顿选出的国会议员。就这样,他成为了绅士。但是,他没有享受多久优雅的生活。1842 年末,因健康原因,于 1843 年 2 月 7 日去世。考察他的标识变迁,他从苏格兰小农场主的儿子,到东印度公司的船医,地方贸易者,再到鸦片走私商人,在确定成为大英帝国绅士、到达绅士之路的终点之前,总结写出了渣甸计划书。

结　　论

回顾一下从陆地独立的海洋历史，以蒙古帝国忽必烈向中国海域的远征为开端，这一历史，随着时代的变迁主角也在发生着改变，存续了四百年。

离岛和海峡的住民以所谓的元寇为契机，将日本九州五岛和松浦等作为据点，成为倭寇进入中国海域。在蒙古帝国制定秩序的南中国海域，华人掌控的帆船往来其中。与哈只的儿子郑和的远征一起，云南出身的穆斯林，也曾管理南中国海域的交易。在徽州商人王锃的指挥下，武装海洋商人作为一支政治势力，曾经对中国明朝产生极大威胁。葡萄牙贸易商人和宣教师，在中国海域渗透，形成基督教的世界。而且，驰骋在福建南部中国海域的海洋商人，逐渐建立了独立政权。他们在中国海域创建"海洋政权"的梦想，如同接力赛一样不断承继。但是，这一梦想，在连结东中国海与南中国海的台湾海峡，与响彻天际的雷鸣一起，没有实现就消失了。伴随着蜃气楼的气象条件变化，行迹无踪。

但是，这四百年间，在中国海域陆地上的当政者眼中，出现了如同蜃气楼一般的割据势力现象。而且，这一现象的存在给他们带来巨大打击。在日本，王锃让九州的领主建立了网络，如果他没有卷入明朝的政治争端，而创建了"海上王国"的话，也许九州会从海洋分离。惧怕与中国海域相连结的基督教徒们创建"神的王国"，丰臣秀吉下令禁止基督教的渗入，这一方针一面改变了当时的面貌，一面拉开了江户时代的帷幕。为了统御德川政权与中国海域王国的关系，日本限定长崎为贸易港。本书虽未论述，但实际上，岛原之乱表明蜃气楼王国对九州产生了深远影响。

在中国，郑氏政权被消灭后，清朝于 1684 年解除迁界令，承认贸易。清朝虽然承认陆地与海洋之间商品的流动，但是却对来往于海洋与陆地之间的人们进行严格限制。在 16 世纪中叶，中国内地徽州商人的人脉网络与海洋商人联合,在 17 世纪前半期,福建的安平商人建立了中国内地与海外的网络,形成了强大的势力。诞生在这种内地与海外之间的人的关系,让清朝非常惧怕。

清朝设立各个港口作为贸易窗口,例如与日本之间的贸易港口为浙江省的乍浦,与欧美之间的贸易为广州等地,在这些贸易港口,以特许商人为中介,间接管理来自海洋的贸易者。清朝承认贸易不久,整顿了广东体系与欧美人的称呼制度。广州特许商人的公行,接受欧美人进行贸易,欧美人与清朝官员不直接接触,由公行作为中介负责管理。

在南中国海域,台湾郑氏政权存续时期,荷兰东印度公司向清朝进行军事帮助,试图与中国建立直接贸易关系。但是,该要求遭到拒绝,1680 年代,荷兰对中国的贸易陷入了绝望境地。在那之后,荷兰与日本继续进行贸易,荷兰政策的基轴不再面向海洋,而将政策重心转移到专门对爪哇岛的统治上。荷兰东印度公司停止发展海域势力,转向东南亚的陆地政权。

从结果来看,1680 年代以降,围绕中国海域的陆地政权,日本的德川政权,中国的清朝,爪哇岛的荷兰政权之间,在海域世界没有要求相互之间的霸权,而且,也没有在海域创建新的政治势力,似乎是种默契。这一默契,确定了各个政权的领域,1860 年代以降,可以说各个政权形成了向近代的领域国家迈进的条件。亚洲的前近代,可以说起始于海洋。

追溯东欧亚领域国家形成的进程,渡过海洋往来的人们之间的活动,成为国家形成的重要契机。在先行研究中,"海洋"成为领域国家的域外以及边境,但是作为今后遗留的课题,即分析"渡海者自身的特征",探讨对于他们自身主体的动机,"陆地"社会与国家的应对策略,是非常有意义的课题。海域史研究,有必要将历史研究的坐标轴,从陆地向海洋反转研究。在自古就展开活跃的航海活动的亚洲海域,渡海者的出身、出身地以及目的地、航海理由、目的是多样的。海域史研究以不包括这些"国籍"范围的人作为研究对象,分析其多面人格,确立新的方法论,超越以总体诸国史构成的"世界史",试图以呈现"全球故事"为目标。

渡海者给陆地社会带来冲击,作为对国家形成产生深远影响的案例,从日本列岛中世的分权体制,向近世领域国家展开,作为东南亚、南亚王权的成立过程、殖民地的国家形成等,不胜枚举。先行研究多论述渡海者归属的出身地,并未探讨他们对自身的认识。

近年来,在中国海域,围绕领海问题国家间的关系变得紧张,在印度洋,围绕海岸线问题,大国间对港口的权利争执逐渐显露。在这样的状况下,像明代的渡海者郑和那样,没有探讨每个人物的归属意识,而彰显各个"海域"出身的渡海者,可以看出其中所主张的"海域"权利。而且,也像倭寇首领王直,同时也是铁炮传来的明朝儒生五峰的例子那样,在出身地与渡海地之间,也常常存在对人物的正反评价。或者,如同作为鸦片商人而闻名的威廉·渣甸,不是从英国人的视角,而是从苏格兰人的视角等进行分析,从与近代国民国家不同的框架来探讨,能够发现不少连接现代的人脉网络的事例。

本书探讨了渡海者的本名,以本名为基础,分析他者给予的多样而且相互矛盾的称呼,来解析他们自身的个性特征,从而明确他们对领域国家的影响。海域史研究以这样的问题意识和方法论为基轴,以个人研究者无法覆盖的广阔的"海域"为研究对象,组织共同研究,共有多语言记载的史料,发掘、整理多样的海域文化圈的田野调查成果,能够应对围绕现代的海域课题。

关于海域史课题的研究方法和步骤,整理如下。

1.关于渡海者生活史的多语言资料的收集与解析

关于渡海者的史料、资料,分散存在于他的出身地和渡航地,而且,一般用于记载的语言也不同。因此,作为研究对象的渡海者,从出生到活跃时期、死去的经历进行一贯性把握是困难的。在本研究过程中,研究代表以及研究负责人一边进行研究,一边推进覆盖面广泛的多语言的共同研究,搜集每个渡海者人生各个阶段的资料进行分析。以"21世纪海域学的创成"的形式进行整理,在翻译好目录的欧文资料里面,包括了荷兰语、葡萄牙语、西班牙语等多种语言记载的文献,第一阶段进行这些文献内容的解析,将具有广泛价值的材料,翻译成日语出版。而且,赶赴该人物的出身地、渡海地进一步搜集资料。

2.渡海者生存世界的再建构

亚洲诸地域经济急速发展的结果,使得20世纪以前临海地域的环境发生了激变。为了全面掌握渡海者的生活史,对于建设基础设施之前的港湾等地的生活环境有必要进行再构建。作为素材,20世纪进行田野调查的数据是有效的。在"海域学"项目中,收集了1960年代以降,在那个海域进行田野调查的摄影照片以及田野笔记。在本研究中,对应照片与田野调查笔记进行了分析,同时,再次走访这些田野记录的地点。

3.确立分析渡海者个性的方法

因为渡海者的活动跨越了国家以及地域,所以,很难理解他的统一人格。关于人格研究,西洋古典史研究建议采用人物传记的方法。这就是收集、整理作为研究对象的人物传记资料,对社会人格的多样性进行多角度的整理分析。参考这些先行研究的方法,对于本研究中跨越多个社会活动的人物,探讨他们在不同社会的称呼、职务名等以及与他者关系的交界面,确立分析方法。

海域史研究的学术特色、创新点、预计结果与意义,整理如下。

1.根据出身地、寄航地、渡航地,以对不同人物形象进行统一理解为目的

在亚洲海域(印度洋、中国海、太平洋西海域),对渡海者的认识与评价,根据出身地和目的地的不同而具有多样性特点。关于渡海者,在出身地被评价为英雄的人物,在寄航地或者渡海地却被视为海盗,或者存在不少相反评价的例子。在本研究中,推进多语言研究,探讨每个人物的多种标识,通过分析与他者的关系,认识渡海者统一的人格,来确立方法论。

2.关注各国历史上遗漏的人格构成要素进行考察

先行研究的方法,是在国民国家的框架下认识人物,本研究回顾了人物个性确立的过程,明确了表面未出现的要素,具体列举了亚美尼亚人、苏格兰人、"倭寇"、华人、海洋民、海盗、奴隶、麦加巡礼者以及船民等。例如,16世纪有很多在亚洲海域活动的"葡萄牙人",但在伊比利亚半岛却被称为"改宗犹太人",而被置以怀疑的目光。

3.对出身地、寄航地、渡航地等进行田野调查、资料调查

对于作为出身地的苏格兰、伊比利亚半岛、中东伊斯兰世界以及印度、中国,作为寄航地、渡海地的东南亚、中国、日本海岛、沿岸诸地域等实施现场调查,解析影响面向海洋的人们人格形成的"风土"(自然环境、社会、文化的复合体)。

4.准备史料的翻译以及人物评传的刊行,以向社会还原研究成果为目标

近年,在海域政治进入紧张状态之前,在民人之中,有必要提高他们理解多面世界的能力。为了应对这一课题,本课题呈现的渡海者的人物形象,在形成能够相对化的领域国家历史观方面,具有现代意义。

在本书中,作为倭寇首领,同时又是日本铁炮传来的功臣王直(本名王锃),出身苏格兰、在中国称之为"铁头老鼠"的绅士、在英格兰去世的威廉·

渣甸等，在推进研究的过程中，作为渡海者个性研究的方法，在确定本名与他者赋予的多样称呼等方面，进行了系统分析。在今后的研究中，将进一步推进以确立渡海者自我认识为中心的分析方法。

关于渡海者的人物形象，很多人在出身地、寄港地、渡航地等存在巨大差异，用于记述的语言也具有多样性。本课题收集了分散于世界的史料的同时，采用多语言情报的汉语、日语、英语资料，将公认具有价值的资料通过出版、网络化等手段进行公开。

在确立渡海者自身个性的进程中，他们自身所处环境的"风土"具有决定意义。在作为研究对象的地域、海域，因为风土在 21 世纪急剧变化，有效的方法是将 20 世纪进行田野调查的成果（田野调查笔记、照片等）作为素材进行研究。而且，围绕海域的领域国家间出现紧张关系的现状，对现在渡海者个性的形成给予了很大影响，针对这一问题，着手整理每一个渡海者个体在各国情报媒体中表现出的表象，与过去事例进行比较、对照研究。

译　后　记

　　也许我与大海有着不解之缘。出生在白山黑水之间的我,从小就很向往大海,喜欢大海的波澜壮阔,喜欢海风拂面的感觉,喜欢大海的味道,喜欢吃海鲜,甚至曾幻想着将来可以在一个有海的城市生活。我的大学时代是在哈尔滨度过的,那个时候,周末经常会与同学结伴到松花江边散步。驻足在松花江畔,望着潺潺流动的松花江水,学习的紧张和生活的烦恼顿消,心情会变得异常平静。大学毕业后,我到了泰山脚下的泰山学院工作,泰山学院对面是有"泰山西湖"美称的天平湖,夕阳西下,落日的余辉映照着湖面,令人顿时有种心旷神怡般的感觉。于是,我慢慢地发现,原来自己是那么的钟情于大海! 人生就是有着许多的意想不到,才充满了想象。意想不到的是,在经过了逐渐趋于平淡的生活之后,我还能够重新做回学生。2015 年 9 月,我成为了北京师范大学的一名博士研究生,而且,博士课题的研究对象,是被称为海洋英雄的郑成功。2016 年 9 月,我又从中国跨越"东欧亚"海域,来到了郑成功出生的海洋之国日本,在日本著名的"名媛大学"菲利斯女学院大学做外国人客员研究员,进行博士课题的研究。

　　更加机缘巧合的是,就在日本,我有幸结识了海域史研究专家、厦门大学的王日根教授。记得那是 2016 年的年底,在东京大学的"以文会"上,王日根教授作了精彩的关于海洋史研究的学术报告,其中的内容涉及以郑成功为首的郑氏海商集团。我当时向王日根教授请教了一些问题,王日根教授渊博的学识和谦逊的态度,给我留下了深刻的印象。承蒙王日根教授的抬爱和信任,让我担任这部《东欧亚海域史列传》的翻译工作。记得我第一次翻阅这部书稿,浏览目录的一刹那,这部著作便立刻吸引了我。该著作不仅包括了郑成功的列传,也包括了郑成功之前和之后驰骋在东欧亚海域世界重要的历史人物列传。有些历史人物,虽然名字很熟悉,但是他们在东欧亚海域世界发挥了什么作用,与郑成功具有何等关联,通过这些人物的历史,是否会对郑成功有更加深入的理解,这是我非常感兴趣的。王日根教授的信任使我非常感动,这也成为了我翻译本书的动力。

我于是一边写博士论文,一边翻译《东欧亚海域史列传》,每天翻译大约3000字,很快便完成了翻译初稿,又几经校对修改得以完成,从2017年3月底开始翻译到译稿完成,前后历时三个月时间。实际上,我对翻译早有兴趣,近年来,受到所学专业的影响,我学习了一系列翻译理论,很是有种跃跃欲试的感觉。王日根教授推荐的这部海域史著作,可以说圆了我的一个翻译梦想,也使我的博士生活更加圆满。在翻译《东欧亚海域史列传》的过程中,感受着"东欧亚"海域一个个鲜活历史人物的事绩,有种如沐春风的感觉。以前,经常会听到我的博士导师王向远先生跟我们谈自己的翻译感受,他用了"翻译的快感"这样的说法。在我翻译这部著作的过程中,我亲身感受到了翻译理论与翻译实践的不同。那就是擅长翻译理论不一定能够搞好翻译实践,但是,若进行翻译实践,翻译理论能够起到指导作用。当你在翻译中遇到一些疑难问题时,若有翻译理论作指导,便会立即知道如何去处理,以及这样处理是否合理。也许是有了一定的翻译理论基础,加之多年来所积淀的日语功底和一定的学术研究能力,所以译稿能够比较顺利的完成,希望学术界的前辈们多提宝贵意见。通过翻译本书,我也从中体会到了翻译的快感,翻译的快乐。

《东欧亚海域史列传》如同一部大型交响乐,将我带入了一个别样的海域世界。在这部著作中,作者上田信教授称作"历史系统论"的海域史研究方法,与历史人物列传完美地结合在了一起。"历史系统论"如同交响乐指挥者的指挥棒,是核心,贯穿了整部著作的始终。而各个章节的历史人物,如足利义满、郑和、王直、郑成功、陈宏谋、威廉·渣甸,犹如交响乐中的钢琴、竖琴、大提琴、小提琴、长笛、长号等不同的乐器,各自奏响着不同的音符,和在一起构成优美的管弦乐曲。而从全书的纵向布局看,各个章节如同交响乐的每一个乐章,逐渐推进乐曲的进程,在最后达到高潮,使整首交响乐浑然一体,犹如这部著作整体结构的浑然天成。

在这个别样的东欧亚海域世界里,一个个鲜活的历史人物纷纷登场。上田信教授将原本艰深的历史著作写得引人入胜,我想这大概是学术研究的最高境界吧。因此,《东欧亚海域史列传》不仅能够为历史专业人士提供学术参考,也是普通读者了解东欧亚海域史,了解东欧亚海域世界历史人物的首选书籍。上田信教授运用大量一手的"别样的"史料，运用历史学家的"眼力"，建构了"历史系统论"，向读者展现了一个生动、别样的"东欧亚"海域世界。

首先，这部著作具有"别样的"理论指导，那就是本书第一章、第二章的基本理论部分，上田信教授将其称作"历史系统论"。长期以来，日本学者的学术研究，被认为不擅于或者不屑于进行理论建构，日本学术界具有进行实证性研究的学术传统。因此，上田信教授坦言称"日本学者即使建构了学术理论，也不存在生存空间"，这可以说道出了日本学术研究界的实态。然而这部著作，可谓上田信教授对自己多年学术研究方法的一个理论总结。上田信教授不仅是位优秀的学者，也是一位颇懂生活哲学的智者。他说自己从 1990 年代以降，所有发表的学术论文或者著作，依据的都是这一理论，若学界对他迄今为止的学术研究成果有所认同的话，那么，也应该能够接受这部著作中他所建构的"历史系统论"。因此，理解"历史系统论"，是深入解读本书的关键，也是深入理解上田信教授关于东欧亚海域史研究方法的基础。

上田信教授的著作《海与帝国：明清时代》、《森林和绿色的中国史》已经在中国翻译出版。其中，《海与帝国》与《东欧亚海域史列传》可谓姊妹篇，上田信教授在本书中论述的"东欧亚"，是在《海与帝国》中创造的概念，它的范围包括"日本海、渤海、黄海、东海、南海五大海和与它们相连接的陆地、岛屿"，若使用世界地理用语的话，则包括东北亚、中亚、东亚以及东南亚和印度的一部分。上田信教授在本书中写道，自己曾在中国云南生活过一段时期，就是在那里，他突然意识到了云南并非仅仅处于中国的西南部边疆，"东欧亚"这一概念油然而生，而且，他意识到云南正位于东欧亚的中心位置。本书中的一位重要的主人公郑和，就是云南出生的哈只之子。而且，上田信教授指出东欧亚是在历史形成过程中变化的空间。

上田信教授建构的"历史系统论"将历史事象分成三个交叉流程，即以生态系统命名的物质·能源流程，以语义系统命名的情报流程和以社会系统命名的人格流程，而本书主要以第三种"人格流程"为论述方法，并对"标识"、"本名"、"人格"等从属概念进行了分别论述和实践。例如本书出现的历史人物的"本名"，分别使用了"源义满"、"和"、"王锃"、"郑森"、"陈弘谋"、"威廉·渣甸"进行论述。可以说，本书兼具理论高度和研究深度，既有高屋建瓴的理论建构，又有具体历史案例的深入研究，而且史料丰富、视野开阔、逻辑缜密、思辨充分，实现了理论与实践的完美结合。

　　另外,本书向读者展现了"别样的"历史人物风采。书中选取了曾经活跃在东欧亚海域世界的足利义满、郑和、王直、郑成功、陈弘谋、威廉·渣甸六位主要历史人物的列传。从国别上看,本书所选取的历史人物,囊括了日本、中国、英国三个不同国度的人物;从时间上看,按照中国历史时间来说,跨越了明清两个时代。而这些历史人物的活动,围绕着东欧亚海域世界从朝贡体系向互市体系的发展进程而展开。上田信教授依据一手史料,在确定了这些历史人物的本名后,探讨了这些历史人物不同的标识、人格,可以说本书对某些历史人物所进行的评价和认同,在某种程度上超越了前人的观点。在本书中,东欧亚海域世界的第一位登场人物足利义满,本名为源义满,在日本学界的一些历史学者,例如辻善之助认为,足利义满与明朝皇帝建立的基于朝贡体制的册封以及"勘合贸易",完全是屈于中国压力的投降之举,义满本人因为丧失了国格,因此,义满与明朝的往来被认为是日本历史上的"国辱外交"。在本书中,上田信教授通过具体的史料,论述了源义满与中国明朝建立朝贡关系的原委以及这种朝贡关系的来之不易,肯定了源义满的功绩,赞扬了义满的审美意识。可以说,这与前述日本学界的观点形成了强烈的反差,这也许正是历史研究的真正价值和魅力所在,即能通过历史事实来推翻一些不切实际的"臆想"。

　　不仅仅是源义满,上田信教授对郑和、王直、郑成功、陈弘谋、威廉·渣甸也进行了某些颠覆想象的论述。郑和在南中国海域扶植哈乃斐派中国人团体,扩张伊斯兰教势力,试图在南中国海域创立穆斯林帝国;被认为是倭寇的王直所具有的"儒者"形象,《王直上疏》所展现的王直的才华,以及王直试图在中国海域构筑的海上政权;郑成功收复台湾,是大员人民的组织者何斌,请求郑成功所发动的大义之战,也是郑成功建立的海洋王国的逻辑发展成果;陈弘谋虽出生于广西的内陆边疆区域,但为政的勤勉和对国际局势的深刻认识都使其在推进清朝对华人政策转变中发挥了积极作用;威廉·渣甸作为英国殖民者的使者,早已有明确的贸易扩张企图,他对各地情报的搜集与鸦片战争爆发显然存在着直接的关系等,大概都会令普通读者有种耳目一新的感觉。上田信教授运用大量第一手史料,通过对史料的分析,运用高度的"头脑的跳跃力",向读者展现了一个个"别样的"历史人物形象。而且,上田信教授不仅关注了作为本书主人公的六位主要历史人物,还对何斌、郭力士等辅助性历史人物也进行了肯定性评价。

　　感受着如同盛大交响乐般的东欧亚海域世界的历史,徜徉在横滨的码头,遥望远处往来的船只,海风吹拂着脸庞,我的思绪似乎飞到了那遥远的明清时代,想象着源义满在海边亲自观看来航的第一艘明船到港的情景,想象着以郑成功为首的郑氏海商集团的船队驰骋于东欧亚海域的情景,想象着英国的海军舰队在东欧亚海域威胁清政府开港进行自由贸易的情景……东欧亚海域世界的历史人物演绎了怎样的历史故事,上田信教授的这部《东欧亚海域史列传》,向读者展现了一个别样的"东欧亚"海域世界。作为译者,我希望凝聚着上田信教授多年心血的这部力作能够尽早与中国读者见面,同时感谢推荐本书的,同样具有历史学家"眼力"的王日根教授为本书的顺利出版所付出的努力,也感谢厦门大学出版社的大力支持和编辑的辛苦付出。

寇淑婷

2017 年 7 月 7 日于日本横滨

译
后
记